たまご社長が教える

# 運をつくる仕事術

森安商店社長
森安政仁
Masahito Moriyasu

三楽舎

# はじめに

あなたは運をどうやったらつくれるかご存知でしょうか？

運は偶然なんかじゃありません。

ちゃんとメカニズムがあります。

あなたは運が落ちる原因をご存知ですか？

運が落ちてしまったらどうすればいいか？

いや、そもそも、落ちないようにするためには何をどうしたらいいか？

運を何倍にもするためには何をどうしたらいいでしょうか？

あなたはそもそも「運のメカニズム」をご存知ですか？

こうしたことが分からない方は本書を読んでみることをおすすめいたします。

運というのは会社を営む上でも、仕事をしていく上でも、健康を保つ上でも、人生そのものにおいても非常に大きな比重を占めているのはあらためて言うまでもありません。

ところが、実際には周りを見渡してみても、それほど運がいいと思える人は多くありません。特に会社経営では結果がはっきりと出る世界であるがゆえなのか、一時的には調子がよくてもいつの間にか消えてしまっていたとか、健康を害されて継続できなくなってしまう、あるいは社長と役員同士の仲たがいで衰退した、または外から見たら売り上げも大きく順調に映っても実は家庭が不和だとか、こういう例は枚挙にいとまがありません。それもこれも、正しく運というものをとらえて向き合っていなかったからだと思えるのです。運というけれども、それはどうしたらつくれるのかがわかっていない。つまり、「運のメカニズム」を知らないことが原因だと思います。私から見れば、なぜ自ら運が落ちるような行動をこうも取っているのかと思えるほど滅茶苦茶なことをして自分の運を落としている人の何と多いことか！ こうしたことはすべて「運のメカニズム」を正しく学んでいないということに尽きます。

いままで運の悪かった人というのは、この「運のメカニズム」に対しての無知から自分の運を落としていたのだといえます。

運というのは何となく偶然に巡ってくるものだと間違って思っている方が多く、私からみれば自分みずから運を落とすようなことばかりしておいて、運が悪いと嘆いているようにみえるのです。あなたが、ふだんの日常生活で何気なくしてしまっているあんなことやこんなことの数々が運を落としてしまっています。ほんとうに自分の人生、自分の身体なのにもったいない！

運はいつかは回ってくるもの？　いえいえ、それも正しくはありません。
それよりも、日々の生活の中でしているあることをやめるだけで、あなたの運が下がることは予防できるのです。

つまり、正しく「運のメカニズム」を知ってさえいれば誰でも、運を下げることを防げるし、上げられるものなのです。何倍にも増やすことだってできます。本書の構成もホップ（運を下げるのを防ぐ）、ステップ（運を好転させる）、ジャンプ（運を何倍にも増やす）という順に説明していきます。

これからは、正しく「運のメカニズム」を知って、あなた自身の運を管理していきませんか？　下げない方法を知り、上げていく方法を知り、大きく増やす方法で幸せになっていきましょう。

運は偶然ではなく、メカニズムがちゃんとあります。
それを、この本で知って、実践することで、あなたの運は下がらなくなります。さらに、現在、運が限りなくゼロに近い人でもこの本を読んで実践することで、あなたの運はつくられていきます。もしかすると、いまあなたがこの本を手に取っていること自体がものすごく運がいいことかもしれません。運は目には見えませんが間違いなく実在しており、あなたのさまざまな面に大きな影響を与えています。なお、私が会社を経営していることから、事業を例えにすることが多いですが、何も、読む方を経営者だけに限っているわけではありません。運はあらゆる人にとって関心のあるものだろうと思います。働いている方、主婦、学生さんなど人生を真剣に考えている方、いま現在、病気や不運に悩まされている方など、どのような方にも役立つ内容になっていると思います。それでは、「運のメカニズム」について学んで、あなたの運を上げてまいりましょう。

森安政仁

# 目次

第2章

# なぜ、運が壊れるのか？　そのメカニズムを解く

## 第3章

# 運をつくる術

(この章のはじめに)

第4章

# 徳を積めば運は何倍にも増える

第5章

# 目に見えない存在への感謝の想念が「見えない力」として返ってくる

第6章

## 「運をつくる仕事術」はなぜ生まれたか？

## 付録

# プロローグ――人生は、お金も経営も仕事も家庭も人間関係もすべて幸せにすることができる

## 四十歳の時に師匠に出会い、教えてもらった「心の勉強」＝「運のメカニズム」

あなたに運のつくり方をお話しする前に、私自身のことをお話しすれば、どうしてこの本を書こうという気持ちになったのか、私がいったいこの本の中で何をみなさんにお伝えしたいのかが分かってもらえるのではないかと思います。

私は現在も現役で長崎県で鶏卵卸業の会社を経営しておりますが、そんな会社の社長である私が人生の運についてこんな本を書くのだから、お金もあって、会社も問題なく回って、健康に関しても、家庭も、そして人間関係に至るまで何不自由ない幸福な人生をどうせずっと送ってきたのだろう、人生の晩年になって成功談を書きたく

なったのだろうと思われるかもしれませんが、事実はまったく逆です。実は四十歳まではは朝の六時から夜中の十二時までモーレツに働きづめで、いまならブラック企業なんて言われかねない有り様で、いつもいつも原因不明の腰痛に悩まされていて、売り上げもいつも同業他社との競争にさらされていてどうしようと思い悩んだり、社内でも従業員から詰め寄られて、いっそ会社を畳んでしまおうかと思い悩むような時もあったというように、とてもお世辞にも運がよいなどといえるような会社でも人生でもなかったのです。

健康の面も会社の状態も従業員との関係も不安定な状態でした。会社や事業というのは常にお金がつきまとうし、同業他社もいるしで、なかなか心の安定はおぼつきません。同業他社に勝たなければならない、負けてはならないとの思いから、その頃の私は、猛然と長時間働くことでそうした不安に立ち向かっていたといってもいいでしょう。

売り上げをあげなければ、競争に勝たなければとの思いに強く支配されていた私は懸命に働くことこそが、そうした不安から逃れられる唯一の方法だと信じて疑わなかったのです。

ところが、ある時から身体が悲鳴をあげて、極度の腰痛に襲われ、何をするにも腰が痛くて困るようになりました。でも、その腰痛は自分ががんばって働いたせいであって、そのおかげで売り上げが伸びるのだから何の問題もないこと、しかたのないこと、むしろ名誉の勲章ではないですががんばりとセットで現れた副作用でしかないとどこかで思っていました。

その頃の私はまったく運・不運などについて考えたこともなかったですし、ただただ自分自身がどれだけ長い時間働くことができるかだけが業績に現れるし、それが幸せにつながっていくというように単純に考えていたのです。ところが、だんだん腰痛がひどくなってきて、どうしようもない状態になって、肝心の仕事にも差し障るようなところにまでなってきました。いくら、心ではがんばろうと思ってはみても、身体の方が悲鳴をあげていて、自分の思い通りには動いてくれないところにまでなってしまいました。困ったなあと思い悩んでいたところ、近くに病気を何でも治してしまう布団屋の先生がいるという変てこな情報が耳に入ってきたのです。「布団屋さんの先生が？」とも疑いはしたのですが、ものは試しとばかり出かけていきました。最初は私自身ではなく、知り合いのご婦人と連れだって、そのご婦人の身体のことで伺いました。あまりにご婦人に効果がありそうだったので、私もついでにみてもらったのです。

その先生は私に世間話のような会話をしながら、私に考え方を変えるようにというのです。そして、簡単なお祈りのようなことをしてもらいましたら、それまでどの医者にかかってもどうにもならなかった腰痛が不思議なことに消えていきました。**「こんな世界があるんだ」**と驚いた私は、その布団屋の先生に弟子入りして、いろいろと**「心の勉強」**を習いました。すると、いろいろ不思議に運のよいことが起こってくるようになりました。そして、いままで見えてこなかったいろいろな運というものに関する仕組みがレントゲンでみるようにその奥にある糸と糸でつながっている関係がみえてくるようになってきました。これを私は**「運のメカニズム」**と言っています。あなたには、まだ信じられないかもしれませんが、**あなたが「心の中でどう考えているか、思っているのか」ということが、あなた自身の仕事、お金、健康、家庭、そのほかあらゆるものの状態となっており、運として現れているのです。**これは後ほど詳しくご説明します。

## みんな幸せを目指しているのに不幸になるのはなぜか？

人は誰しも幸せになることを望んでいます。自ら不幸になることを望む人はいません。しかしながら、不幸な人が多いのはなぜでしょう。それは、幸せの目指し方にあると私は思います。かつての私がそうでしたが、ただただお金を望んだり、会社の売り上げを伸ばすことを一直線に望むことから、ただがんばってしまうのです。そうするといろいろな問題が生じるのです。もちろん、がんばることはいいことなのです。ただし、いろいろと勉強しないといけないことが、そこにはあるのです。それが**「心の勉強」**です。がんばっている時は誰しも一目散に目標を追いかけていますから、**「心の勉強」**といわれても、何のこと？　それと私の仕事がどう関係あるんだ？　関係ないじゃないかと思ってしまいます。ところが、**数々の問題は、この「心の勉強」をしてこなかったことから起きてくるのです。**一直線にわき目もふらずに突進するからこそ起きてくるのです。

## 途中で破綻しないやり方こそ最も効率的な方法

あなたは、まだ半信半疑でかつての私と同じように、ただ何も考えずに、がむしゃらに働いて成果をあげていくことだけが人生の幸福につながると考えているかもしれませんね。でも、残念ながら、それは違います。もちろん、努力することは大事ですが、それと裏腹に不幸になってしまう人もいます。病気になってしまったら元も子もないですし、家庭や人間関係を失ってしまったら幸福とはいえないでしょう。あるいは、がんばることにしても、ただただ競争に勝つことだけを念頭にして「勝つんだ、勝つんだ」と自分に言いきかせるだけでは、やがて身体の問題か他の問題となって、そのがんばりは続かないで頓挫してしまうのです。そうならないためにも、**「心の勉強」**が必要で、それを通して**「運のメカニズム」**を学ぶことによって、あなたがいま抱えている悩みを解決することができていき、あなたは幸せを手放さずに運をつくっていくことができるでしょう。そうした状態のままであるなら、あなたはいつまでもがんばれるし、どこにも問題がない、幸せな人生を送ることができるようになるでしょう。それが長続きするやり方です。逆にいえば、健康にしろ、従業員の問題にしろ、家庭問題にしろ、何かひとつの問題があれば、運はたちまち壊れて、いくら会社を、あるいは仕事を続けようとしても無理になってしまいます。すべてがそろわないと会社にしろ、仕事にしろ、うまくいくというのはおぼつかないでしょう。本書の**「心の勉強」「運のメカニズム」**はそうした意味では、いままでのやり方では途中で何かの理由で破綻してしまうのを事前に防いでくれて、長続きして幸せな人生が送れるというやり方です。

だから、途中まではうまくいっていたのに破綻してしまったとか、家庭が壊れてしまったとか、健康に問題が出た、もちろん、お金の面で問題が出たという理由でせっかくの人生を悲嘆にくれてすごすことから救ってくれる方法です。仮に、現在そうして悲嘆にくれている状況におられる方が読めば、もっとも早期に再起できて二度と同じ過ちが起きないようになる方法が書いてあります。一見すると、単純にわき目もふらずにがんばることはロスがなくて、効率的な方法に思えるのですが、途中でさまざまな問題が生じてきて思うようにいかなくなりますから、それほど効率的とはいえない方法です。それよりも、最初から途中で問題が起こらないようなやり方を選ぶ方が最後までたどり着きますので、遠回りのように思えて実はもっとも近道なのです。

## 現在、うまくいっていない人でも「心の勉強」と「運のメカニズム」を学ぶことで、運をつくって好転できる

いったい、本当に幸せになれる人生を送るにはどうすればいいのでしょう。結論を先にいうと、それは「心の勉強」「運のメカニズム」を学んで、運をつくっていく人生です。そうでない方法でいくらがんばっても途中で壊れてしまうのです。途中で壊れてしまうというのは、それまでのあなたのがんばりが無に帰してしまうということです。せっかくがんばっても消えてしまうのではあまりに惜しいと思いませんか。一見、非効率に思える**「心の勉強」さえしておけば、そしてその通りに実践していれば、あなたがせっかく築いたものが跡形もなく崩れてなくなってしまうことはなくな**

**るでしょう。**

それどころか、逆に、どんどんあなたの周りには不思議なよいことが起きてきて、あなたはどんどん幸せになっていくことでしょう。たった、これだけのことなのです。**ようは「心の勉強」をしておくか、全くそれを知らないままでいるかということだけなのです。**せっかくのあなたの大切な人生なのですから、みすみす崩れ去ってなくなることは避けようではありませんか。さあ、もう悲嘆にくれ涙にくれる人生にはおさらばです。学校のお勉強だけしても、あなたの人生そのもののことは守ってくれません。むしろ、あなたがいろいろ悩んでうまくいかないで困り果てているということは、**「心の勉強」さえして、正しく実践することで、たちまち悩みから抜けて幸せに好転していくことができるということでもあります。**電話相談でも、たちまち問題が解決して幸せに変わっていく人を大勢みてきました。ちょっとしたことで、人間の運は変わっていくのです。それは、誰もいままで教えてくれなかったから、知らなかったからにすぎません。ちょっとしたことを学んだだけで、たちどころにあなたの人生は変わります。

# 第１章

# あなたの運を壊しているのは、あなた自身

## （この章のはじめに）

さて、これから「運のメカニズム」を学んでいくわけですが、まずは、運を破壊しないように、下げないようにするにはどうすればいいかについてから学んでいきましょう。というのも、自分自身で自分の人生のもっとも大切な運を壊す人のいかに多いことか！これは自分で運を壊しているという自覚がないことが原因で起きています。つまり、どうしたら運は下がってしまうのかを正しく知らないことからきているのです。運をつくる方法を学ぶ前に、まずはしてはならないことから学ぶ意味は、運についてのディフェンス（守り）を固めておこうということです。この章では、運を壊さない方法について説明します。あとの章では、ゼロから運をつくっていく方法について説明したいと思います。では、日常生活であなた自身がやってしまっている自分で運を壊していることについてみていきましょう。

## １　夫婦間のいざこざが家庭の運を壊す

わたしは三十七年ほど多くの人々の相談を受け付けています。それは、痛みの場合もありますし、病気の場合もあります。人間関係もありますし、企業の業績回復を相談される場合もあります。

これはある中年の女性からの相談事です。

「長年腰痛で医者に通ってもいっこうに良くなりません。わたしは悪霊か生き霊にでもつかれているのではないでしょうか？」

と訴えます。

夜にかかってきた電話でした。わたしは鶏卵の卸問屋をしていますが、仕事を終えた夜間や休日には、無料で相談を受け付けています。これは志岐先生の影響によるもので、志岐先生に関しては後に詳述します。

この女性の話を聞き進むと、どうやら一家の主婦のようです。さらに、

「亭主は安月給の無能な父親だ」

と娘の前で馬鹿にしてののしっているようです。

「それはいかんですな」というと、

「とんでもない。夫はもっとひどいんです。この女は頭が悪くて満足に料理が作れず、いつもスーパーで買ってきた惣菜をそのまま食卓に並べるだけだ」

と攻撃するというのです。

「なんて役立たずだ」

と妻に罵詈雑言を吐くのです。

こうなると、一人娘も愛想を尽かします。

「こんな家に生まれてきたくなかった」

と父母に悪態をつきます。

それぞれが自分の居場所を失って、まさに家庭崩壊寸前のありさまでした。

そこでわたしは母親に
「あなたのイライラする気持ちもわからないではありませんが、一家の長たる父親を娘さんの前で無能呼ばわりしていては、娘さんも父親を尊敬できず馬鹿にするのは当たり前です。失礼ながらこのような家庭環境では、あなたの病気も良くならず、娘さんも荒れて素直に育つはずはありません」

と苦言を呈したのです。

「これは悪霊でもなければ、生き霊でもありません。悪い言動を家庭に撒き散らかしてお互いを傷つけ、そのストレスがあなたの自律神経に変調をきたして腰痛の原因になっている」と諭しました。

憎悪の念が強烈であればあるほど、大病に陥るものとわたしは思います。

「まずは、あなたが素直に自分の落ち度に気づいて優しいご自分に変えてごらんなさい。父親を立てて、夫婦間の修復を図ることこそが幸せへの第一歩です。あなたの腰痛も自然と治りますよ」

はじめは夫の悪口や子どもの愚痴をさんざんこぼしていた女性も心のうっぷんを吐き出したのか、素直に気づいたようで、すっきりした声に変わりました。

後日、その女性から弾んだ声で電話があり、

「夫婦仲ももとに戻り、一人娘も明るくなってまじめに登校するようになり、さらに驚いたことに不思議にも自分の腰痛が治りました」

との感謝の言葉でした。わたしも相談者としてお役に立てた甲斐があり、とても印象深く覚えています。

家庭の和が乱れると一家は不幸せの道を辿り、心の痛みが身体の病気につながっていくのです。家庭の和の大切さに早く気づいて夫婦が互いにいたわり合うことこそが、家族の幸せと健康のもとであると痛感しています。

身体の不調や病気などの原因のほぼ80～90%は、人間関係のトラブルである憎しみ、妬みによるものだと思います。病名や病気の程度には個人差がありますが、相手への憎悪の感情を変えて寛容な心に変えるならば、心の痛みは消え、身体の不調や病気も徐々に快方に向かうものと、多くの相談者の中からわたしは会得しました。

老後に膝や腰などが痛くなり、杖をついているお年寄りを見かけますが、それは若いころから人間関係のトラブルが多く起因しているものと思われます。

いうまでもありませんが、家庭においては、まず何よりも夫婦、親子が仲睦まじく、一家が明るく暮らすことが幸福な生活を送る基本です。これはお金持ちとか、貧乏とかまったく関係ありません。いくらお金があろうとも家族の和が乱れると、まず人間関係がぎくしゃくして不平不満が昂じて不幸せとなり、お互いにイライラして心が乱れ、心身の不調から健康が害されます。

特に一家の大黒柱である父親が正直に生きて、家族のために一所懸命汗を流している背中を見て、子どもたちは父親を尊敬し真直ぐに育つのです。もし母親が子どもの前で父親を馬鹿にして悪口を言えば、子どもたちは父親を尊敬できなくなり、当然一家の和は乱れます。

ですから賢い母親ならば、たとえ父親に多少の不満があろうとも、子どもの面前では悪口は慎み、一家の調和を図るよう心がけるでしょう。

とにかく、自分たちの生活態度や心がけの悪さを棚に上げて、今の不幸な境遇を、やれ先祖の因縁や悪霊のせいにする人がいますが、とんでもない筋違いであることに気づくべきです。

家庭内で伴侶を悪く言うことが病気や運の破壊につながる。悪念は自分の身体や運勢を傷つけるもと。相手への憎悪の感情を変えて寛容な心に変えれば身体も運も快方に向かう。

## 2　争いごとが自分、家庭、人生、健康すべてをダメにする

これも近所の店で起こった事件です。よくある兄弟間での遺産相続トラブルです。ガソリンスタンドなどの事業や飲食店などをいくつか経営する店でしたが、おやじさんが亡くなって、息子の兄と弟が残りました。

兄には家屋敷と土地、加えてガソリンスタンド。弟には現金と飲食店が分けられました。弟はこれが不満でした。まったく均等ではない。賃貸している土地はもちろん、ガソリンスタンドの一部も相続する権利があると主張するのです。

はじめのうちは内輪での口げんかでしたが、これでは収まりません。弟が弁護士に相談し、裁判所に訴えました。これを見て、兄の方も別の弁護士を立てて裁判所へ訴えたのです。弟は営業妨害をします。攻撃用のビラをガソリンスタンドで配り、お客様や従業員に渡します。これでは商売になりません。

この争いが一年ほど続いたでしょうか。

裁判の勝敗は複雑でよくわかりません。

市民がわかったのは二人とも病気になったことです。病気になり、従業員が離れ、商売の方はガソリンスタンドも飲食店も手放すことになりました。

家屋敷はどうなったのでしょうか。病んだ兄が一人残り、弟は行方知れずになりました。

どれだけ亡くなったお父さんは悲しんでいることでしょう。ご先祖様は、どれほど苦しい思いをしているでしょう。その思いが兄弟の病気となって現れたのです。

兄弟姉妹など身内の間で争うことは、どちらかいっぽうでなく、双方共倒れになる運の破壊に直結する。

## 3　職場での文句や悪口が会社と運を破壊する

同じことが企業にもいえます。社内で文句ばかりが飛び交っている企業がうまくいくはずがありません。トップである社長に従わなければなりません。確かに酒の席になると会社の悪口は出るものです。これは会社への愛情の裏返しであり、ガス抜きとして必要かもしれません。しかし、社内で悪口が横行しているのはいけません。

社長がやるべきことはとても多くありますが、最も重要なことは会社の進路を決めることです。その進路に向かって全社一丸となって突き進むのです。ここにおいて、社長が間違えた進路を定め、全社一丸になって突き進んだら、ものすごい勢いでその会社は消滅していくことになります。

次に重要なことは、進路に適した人材や経費を事業に注ぎ込むことです。予算配分と人事です。やるべきこととやめるべきことを明確にし、重点的な事業に優先して予算と人材を注ぎ込みます。

予算はともかく、人は自分の能力が認められるとそれを発揮しようとします。期待もされないようでは腐ってしまいます。

社員は社長の示した進路に従い、与えられた任務をまっとうし、それぞれに仕事に精を出します。社長もがむしゃらに働きます。これで調和が取れ、会社はうまくいきます。

社長を社員が馬鹿にしているようではビジネスは回転しません。逆も同じです。社長が「うちの社員は無能ばかりだ」と嘆いているようでは会社は成り立ちません。褒めて伸ばすのです。長所はもちろん、褒めます。欠点さえも褒めます。わたしは知り合いに「褒め殺しか」と言われるほど褒めています。それでちょうどいいと感じています。

**社長を悪く言ったり、社内で文句ばかりが飛び交っていたり、社長が働く人のことを悪く言うことが業績の低迷や運の破壊につながる。**

# 4 役員同士のいがみ合いが会社の運を衰退させる

こんなことがありました。鶏卵の同業ではなく、知り合いのサービス業の例です。長崎市内でまたたく間に市場を拡大し、大成功を収めた店がありました。ところが、内情が良くないとしばしば噂になっていました。社長とやり手の若い専務の仲が悪くなったのです。社長と専務の両輪で回っている店でした。この仲が悪くなったせいなのか、時代のせいなのか、拡大の勢いにもブレーキがかかってきました。

うまくいかなくなると、ますます社長と専務の仲は悪くなります。とりわけやり手の若い専務には不満がたまります。お店がうまくいかなくなったのは、すべて社長のせいと、相手かまわず不平をこぼします。

もう限界になったのでしょうか。まもなく専務は独立しました。それも、もとのお客様や市場を奪っての独立でした。ノウハウも従業員も持って行かれました。社長に反旗を翻したのです。ここでもかなり揉めたようです。社長にしてみれば、一代で築きあげた長崎市内の市場です。いくらやり手とはいえ、お客様や従業員を持って行かれては、たまったものではありません。

独立する前からも、独立してからも争いは続きました。この争いはお客様には一時的には歓迎されます。双方の安売り合戦になるからです。しかし、これが長続きするはずがありません。

独立した専務が突然身体を壊し、すぐに亡くなってしまいました。若死にです。

これには市民も驚きました。

「祟りやろう」

「人ん恨みほど怖かもんはなか」

と、人々は噂したものです。

残された社長の勝利かといえば、そうも見えません。社長はこの事件で一気に老け込み、病気がちになってしまいました。ほとんど第一線を退いたようなかたちとなり、そのお店もまったく流行らなくなってしまいました。

会社の中の幹部同士の争いは双方とも共倒れになる。会社の運も破壊されて会社が衰退する。

## 5　上司の悪口を言っていると本人の健康と運が壊れる

これも知り合いの話です。ある市場調査会社に勤める会社員の話です。その男性がとても一生懸命に働いて、それなりに会社の中で認められて実力もつけたそうです。やがて、独立をしました。1年ほどたった28歳の頃、ある有名な経営コンサルティング会社からハンティングされて、その会社の従業員となったそうです。しかし、彼は市場調査会社から移ってきたので自分には専門能力があります。やがて、彼は次第に社内の人間たちをバカにし出したといいます。直属の上司はたまったものではありません。せっかく引っ張ってやった部下からバカにされるのですから。当然ながら、彼に対してつらく当たるようになりました。やがて、ほかの部署に異動になった彼は、それなりに新規事業など任されて成果もあげたといいます。しかし、相変わらず、社内への不平不満をことあるごとに愚痴っていたそうです。38歳の時にまた、もとの部署に配置換えで戻ってきて、もとの上司の下で働くこととなりました。その時、上司は同じ部内の女性と不倫関係にあったといいます。まもなく、彼はその上司の恨みによってリストラされて会社を辞めることとなりました。リストラされた直後の彼は上司を激しく恨みました。すると、彼は原因不明の激しい腹痛となり、緊急入院となりました。医者が何度、検査をしても原因はわかりません。しばらく入院が続いていると、彼自身の心の中に変化がありました。彼はこう思ったそうです。「上司は不倫しているのに、なぜ、実績をあげた自分がリストラされなくちゃならないんだと当初はだいぶ恨みました。でも、しだいに心が変わっていくんですね。そもそも、その会社に入れてくれたのは、その上司ではないか、新規事業などいろいろな経験ができたじゃないか。みんな、あの上司のおかげだ。それを恨んでいた自分の方がどうかしている。」そう考え方が変わって、〝気づき〟が生まれたら、憎しみが感謝に変わったそうです。すると、不思議なことに、医学で原因不明でおなかを開いてみなければわからないと言われたお腹の激痛が跡形もなく消えてしまったといいます。そして、その後は運がよくなって、新規事業の経験もあったおかげで、起業して自分の会社を興してうまくいっているといいます。

上司や会社の悪口を言うことが、その言った人の運を壊し、人生を壊すもと。能力などに関係なく、目上の人には悪口を言わずに敬う心を心がけることが自分の人生と運を壊さないためには大事なこと。

# 6　暗い顔をしていると、周囲が暗くなり、運も衰える

ずいぶん前のことになります。たぶん古くからある酒屋がありました。お酒だけではなく、お菓子や日用品、奥さんがこしらえた惣菜なども売っていました。

このお店で買い物をする機会があって、変な感じを覚えました。妙に暗いのです。蛍光灯の本数が少ないのかなあ、窓がないのかなあなどと見回しました

そのうち、暗さの理由に気がつきました。店主であるおやじさんの顔が暗いのです。つまらなそうな顔をして商売をしています。

さらに、お客様に「ありがとう」を言いません。店に入っても「いらっしゃいませ」を言うわけでもありません。軽くにらみつけるだけです。品物を渡し、お金を支払うと軽く頭を下げますが、「ありがとう」の言葉はありません。

「こりゃあまずいんじゃないか」とわたしは思いました。「きっと長く続かない」と。

お客様との間にこんなやり取りがありました。お客様はビールの空き瓶を持ってきており、買い取りをお願いしていました。当時ビール瓶一本当たり五円で、酒屋が買

い取っていたと思います。

しかし、おやじさんはその買い取りを渋ります。

「何か買ってください。そこで割り引きます」

と、言い張るのです。

「でも、これから出掛けるので、買い物するわけにはいきません」

とお客様も困った顔になります。

「そりゃ、しょうがありませんな。それでは、一筆書いておきましょうか」

と店主は提案しました。お客様は
「いえ、けっこうです。引き取ってくだされればそれでけっこうです」

と言い残して、去ってしまいました。

店主としては精一杯の誠実さを見せたつもりだったのでしょう。腑に落ちない顔をしています。この人は、お客様満足のことをまったく考えていません。どうすれば笑顔を得られるのかをわかっていません。

予想どおり、一年ほどでその店はなくなりました。売上が減少してやめてしまったのか、商売に嫌気がさしてやめてしまったのかはわかりません。おそらくその両方でしょう。町は過疎化が進んでいましたし、近くにコンビニもできました。

このようなお客様を無視した商売が成り立つはずがありません。

人間も企業も「ありがとう」の言葉を忘れてはいけません。「ありがとう」はとても良い「気」を持っています。良い「エネルギー」といってもいいでしょう。「ありがとう」はその素晴らしい波長で、周囲を幸せにします。「ありがとう」を常に口にするよう心がけてください。

お客様に「ありがとうございます」が言えない店は、店の雰囲気も暗くなり、いつか消えてしまう。

# 第2章

# なぜ、運が壊れるのか？ そのメカニズムを解く

## （この章のはじめに）

さて、ここまでどういうことをしたら運は壊れてしまうのかをみてきました。いずれも書かれてあったことは実話です。ですから、書かれたようなことをすればあなたの運も壊れてしまうといえるでしょう。これらをしないように守って実践すれば、あなたの運が壊れることから防いでくれるはずです。さて、してはならないことはわかった。でも、どうしてそうなるのかが、いまひとつピンとこない方も多いかもしれません。そこで、次に、なぜそうしたことをすることで、運が壊れてしまうのかというメカニズムをご説明していくことにしましょう。これが分かってしまえば、あとは簡単です。あまり馴染みのないような内容も出てくるかもしれませんが、それを理解して自分の血肉にしていくことによって確実にあなたは、運をつくる階段を一段昇ったことになります。

## 7 運を破壊する〝悪い想念〟…たかが悪口、されど悪口

悪口はしょせん悪口であって、言ってる本人はたかが陰で言っている悪口にすぎないのだから、どこにも迷惑はかけないと思っています。言ったそばから空気中にふわっと跡形もなく消えてなくなってしまうから何の問題もないと思っているのです。たしかに、唯物論だとそういうことになります。科学的でもっともらしく聞こえます。理屈の上ではその通りです。でも、人生を長く生きてきてそれなりに経験を積んだ人間にとってはそれは真実ではないことを知っています。悪口は誰にも迷惑をかけない？　何も影響がない？　本当にそうでしょうか？　事実はまったく逆なのです。ここに、唯物論の重大な過ちがあります。悪口、陰口、不平不満を言っていると、その想念は毒素となって相手に伝わり、たしかに相手の健康を奪い、勢いをそぎ、運を衰えさせるのです。確実に作用するのです。しかも、これだけでは終わらない。その悪口、陰口、不平不満を言って毒素を発した人間もまた、自分自身が毒素にやられて、健康を奪われ、勢いをそがれ、運が衰えるというメカニズムが存在するのです。

この事実をバカにして、やれ迷信だとか、非科学的だなどとタカをくっているととんでもないことになって人生を棒に振ってしまうわけです。だから、このことを昔の人は気をつけろよという戒めを込めて『人を呪わば穴ふたつ』といい伝えたのですから、しっかりと言い伝えを守っていただきたいと思います。

悪口と同様に「毒素」を相手に届けると同時に自分にも返ってくる言葉や想念としては、以下のようなものがあります。

・恨みの心
・怒りの心
・嫉妬の心

こうした、マイナスのエネルギーを発していると、相手と自分から運を奪いさってしまうのです。

**悪口や不平不満という人間の出す「毒素」が相手を滅ぼし、自分も滅ぼし、会社や家庭、健康と運を壊す。**

## 8　現代科学では解決できない想念

わたしは科学や現代医療を否定するつもりはありません。しかし、わたしの長年の経験からすると、最新の科学や最新医学であっても捉えることのできない病気の原因、運の低下の原因があります。

それは科学や医学が軽視あるいは無視している、目に見えない人の強い念がエネルギーとなり、これが原因となって作用するというメカニズムです。

人々は頭でこう思っています。「自分の心の中で相手のことを恨んだり憎んだり怒ったり呪ったりしても、それはしょせん自分の心の中だけのことなのだから、外に出るわけでもないし、何の作用も影響もしないから何の問題もない」。これが、現代人の思考パターンです。こう考える人が増えれば増えるほど〝原因不明〟の病気は増えていくのではないでしょうか。それを現代医学では大ぐくりで〝ストレス〟で片付けています。

これらは現代科学が見落としている悲劇だといえます。唯物論いっぺんとうで何もかも説明できるというのは驕りだと思います。たしかに、心の中の想念は外側からは誰からも見えないし、何を思っているのかは誰にもわかりません。だからといって、「何も起こらない」「何にも影響を与えない」かというと、これがとんでもない作用と影響をするのです。携帯電話の電波は誰にも目では見ることはできませんが、たしかに電波は飛び交っていて、相手まで届いて電話機を鳴らして作用します。これは日常で起きている、いまや常識で、子どもでも知っていることです。同じように、目には見えないけれども、あなたが心の中で思った恨み、憎しみ、怒り、呪いといった念は電波と同じように、相手まで届いて相手の身体や運というものに作用して破壊するのです。だから、ただ思っただけだから、何も起こらないのではないのです。破壊のエネルギー波を相手に送っていて、相手を破壊したのだという認識が欠けているのです。そして、昔の人が伝えた通り、その破壊のエネルギー波は、実際に相手の身体や運を破壊するだけでは済まなくて、自分自身の身体や運も破壊してしまうこわいものだと思ってもらいたいのです。

そういった想念の作用というのは実際にあるのだということさえ分かれば、あとはそれに対処していくことができるはずなのです。

具体的には、自分から相手に「恨み、憎しみ、怒り、呪いといった念」を発しないというのが、まず出てきますね。なんせ、自分にも返ってくるわけですから自業自得になってしまいますから。

もうひとつは、自分からは「恨み、憎しみ、怒り、呪いといった念」を発しなくても、相手からそうした念を受けてしまうということがあります。もちろん、自分に対してこうした念を発した相手は、相手自身も自分に返ってきて壊されるのですが、だからといって、あなたが誰かの念を受けることで身体も運も壊されますので、できればそうならないように避けたいですよね。それには、どうすればいいでしょうか?

## 9　意識＝物質

さて、これまで説明してきたことを、最新の量子力学ではこんなふうにいっています。われわれの意識というのは細かい〝波〟のようなものでできている。そして、物質もまたどんどん顕微鏡で見ていくと、最後には細かい粒となりますが、この最小単位は素粒子といって細かい粒であり〝波〟のような性質をもつということだそうです。見た範囲では、意識は目に見えない。物質は目に見えます。まったく対照的なもののように思えます。けれども、意識も物質も最小単位の状態にすると両方とも素粒子という粒であり、〝波〟のようなもので、その両者に区別はないそうです。何が言いたいかというと、ここにきて、意識は物質と同じようなものということになって、心の中の想念がかたちになって現れるということなのです。だから、あなたが恨みの心で毒素を作ると、相手の身体に毒素として働き、自分の身体にも自分の心がつくった毒素でやられて病気となってしまうということなのです。恨みの心は単なる心で終わらずに毒素という物質として作用して、病いとなることがわからないと致命的となるのです。

つまり、簡単に言ってしまえば、「恨みの意識＝毒＝病気」ということです。もちろん、同様に、「恨みの意識＝毒＝運の破壊（不運）」でもあるのはあらためて言うまでもありません。言い方を変えれば、恨みを抱くということは、毒を相手にぶつけているのと一緒ということです。どうか、意識と現実がまったく関係ないなどと思わないで、意識は物質と同じであると早く悟っていただきたいと思います。

恨みの心は、毒という物質と同じに相手に作用して相手を病気や不運にする。そして、その毒は自分にも作用して自分が病気、不運になる。恨みの心は物質の毒と同じように作用する。

## 10　亡くなった父親への恨み

マイナスエネルギーについて順に説明してきましょう。これらが健康はもちろん、ビジネスにも大変悪い影響を与えています。

後に紹介する志岐先生の見よう見まねで、わたしはある時から身体に痛みを持つ方の相談に乗るようになりました。

別に看板をかかげてお客様に呼びかけたわけではありません。最初は仲間内からの紹介です。同じことを志し、勉強をする仲間たちがいて、森安ならば力になれるだろうと紹介してくれるのです。

志岐先生からの紹介もありました。お客様を回してくれるのです。

お客様とはいえ、わたしも志岐先生同様にお金は受け取りませんでした。わたしには生業の鶏卵卸業があり、こちらでどうにか稼いでいました。力になる嫁さんもいましたし、従業員もいました。

それでも就業時間中は対応できません。夕方の六時から八時の間に限らせていただきました。これもあって電話による対応が多くなりました。

電話であれば、距離に影響されません。このため、長崎県内の方はもちろん、紹介の紹介で全国から相談が寄せられるようになりました。

ほとんどの場合、その場で効果を出すことができます。痛みが消え、驚かれ、お礼をいわれます。これは至福の時です。

一回で痛みが軽くなる場合があります。逆に一回や二回では改善が見えないこともあります。それでも施術を繰り返したり、志岐先生や仲間に相談したりして、どうにか乗り越えることができてきました。

そのうち、明かな真理を掴むことができるようになりました。

わたしの施術を受けてほとんどは回復するのですが、なかには一日や二日で症状が戻ってしまうのです。そこで、また同じような施術をします。今度は一週間ほど改善されるのですが、またぶり返します。似たような話は仲間からもよく聞いていました。

その相談者Aさんは長く膝痛を煩っていました。長崎の財界で知り合った税理士です。

「税理士さんはいいですね。景気不景気に関係なくて」というと、

「いやあ、もうそんな時代ではありません。人の会社よりも自分の会社を見るのが精一杯です」と笑います。

このAさんが長く膝を痛めているということで、相談に乗りました。

その場ではよくなるのですが、二〜三日しかもちません。不審に思うことがあって確認してみました。

「失礼ですが、先生。誰か恨んでる相手はいませんか。または恨まれてはいませんか」

「います。亡くなった父親を恨んでいます。父親もわたしを恨んでいるかもしれません」

「おや、父親を恨んではいけませんね」

「ひどい人でした。家族に暴力はふるいますし、大酒飲みでもありました。毎日母親が殴られていました」

「もう亡くなられているんですか」

「六〇歳ごろになくなりました。今のわたしと同じ年ごろです」

「死ぬまで苦労されたんですか」

「いえ、死ぬ数年は認知症なのか、好々爺になっておとなしくしていました」

「それでも恨んでいるのですか」

「母親がかわいそうでした」

「お父様から恨まれているとは？」

「実家は古くから続いている農家です。それを継げとさんざん怒鳴られました。わたしは農家が本当に嫌いでした。町に出て商いをしたいと思っていました。これに父親は反対していました」

「理由はそれです」

「何の？」

「あなたの膝痛の理由です」

「父親が？」

「あなたが父親に恨まれているから、あなたの膝に現れているのです。あなたの恨みも膝に現れています」

「それは意外です……！」

税理士の先生は絶句しました。

長崎の田舎から出てきた人で、専門学校を出て専門商社に就職、経理の勉強を専門的にはじめて、数年で税理士試験に合格して市内で独立しました。

一時は数人のスタッフを使っていましたが、今では夫人と息子の三人で切り盛りしています。その息子も三〇歳近くなるのですが、なかなか税理士試験に合格できないとこぼしていました

それから一カ月ほどたってからでしょうか。突然Aさんが訪れ、膝の痛みがなくなったと報告します。

田舎の実家を訪ねると、母親が健在で、まだ姉家族と同居しているとのこと。卵屋の社長からこんな話を聞いたと告げたら
「本当にそんとおりだ。親ば恨んではいけん」と、泣きながら訴えるというのです。

「おやじば恨んどらんのかい」と逆に聞くと、

「恨んどらん。毎日感謝しとー」と、驚くようなことをいいます。Aさんも思わず泣

いてしまったそうです。

「それ以来、父親を恨むことなんて考えなくなりました。今は感謝さえしています」

「いいことですよ」と、わたしは返しました。

それから一年ほどのことです。税理士の息子さんが税理士試験を合格したとの報告もありました。

## 11　人の悪念エネルギーは体調不良となってあらわれる

人の想念や執念を蓄積させると邪気のエネルギーとなり、テレビやラジオの電波と同じように他者に向けて発信され、そのエネルギーの波動を受けた人は体調不良となります。この、人から発せられた恨み・怒り・嫉妬の念を生霊（いきりょう）などと表現する場合もあります。生霊などというと、ずいぶん怖い表現ですよね。ちょっと、初めて聞いた人はひいてしまうかもしれませんね。でも、生霊といっても、このように幽霊でもなんでもなくって、要するに人がマイナスの感情を強いエネルギーとして他の人に向けて発したものを、そう呼びます。呼び方には、多少、抵抗があるかもしれませんが、よく考えてみると、ふだん、自分の周囲にも、そういえばありそうだなと思いませんか？　また、自分も、そういえば生霊を発したことがあるかもしれないと思うかもしれませんね。

そうなのです。生霊という言い方が良いかどうかは別として、実は、ふだんのわれわれの生活の中では、家庭、親戚関係や友人知人、会社、あるいは遠く距離を離れて…こうした恨みの感情の電波（生霊）は、携帯電話のようにその電波が飛び交っているといってもいいでしょう。

例えば、自分の妬み、憎しみ、非難、激情の感情を長い間募らせると、その悪想念はエネルギーの波動となって相手に発信され（生霊）、受信した人はイライラ、焦りなどの不快のストレスが昂じ、仕事上の失敗や心身に変調をきたします。

仕事の疲れは、一日でほとんど回復しますが生き霊の場合は、何日も何カ月もお互いの邪念が消えるまで続きます。

邪念（生霊）を発している人がわかったら、その人に詫びて、一日でも早く水に流していく対策しかないと思います。相手を思い浮かべてお許しくださいと心の中で祈り続けていくのです。

生霊の主な症状は、身体不調と痛みに現れ、具体的には以下のとおりです。

・神経痛
・頭痛
・首痛
・関節痛
・内臓の痛み
・目の痛み（充血）
・肩こり
・腰痛
・膝痛
・胸痛
・胸圧迫
・生理痛

・五十肩
・前立腺がん

ビジネスにおいては以下があります。
・顧客離れ
・利益率の悪化
・不良品の増加
・離職率の増加、人材難

わたしの経験上からいくと、痛みの八割は恨みが原因となっています。生霊はひどく厄介です。生きている間、何度も襲ってきます。こちらから恨んでいるのであれば、どうにかしてその恨みを打ち消すことができます。しかし、問題は恨まれている場合です。

そもそも恨まれていることに気が付かないことがあります。また、恨まれているとうすうす気が付いていても、解消方法がありません。

## 12　覚えのないことで恨まれる

こんなことがありました。

零細企業が多い業界の二人の若社長の話です。二人とも老舗から独立したやり手でした。大きな仕事を手分けしてやって来ましたが、ある時片方が自社ですべて片付けてしまいました。今までは半分ずつ分け合ってやって来た案件です。たまたまその時は、時間がないために片方がまとめて請け負ってしまったというわけです。急ぎであったこと、お客様からの要請があったこと、常の相棒が多忙だったことなどが理由です。

しかし、一人で片付けた方が腱鞘炎を患ってしまいました。

紹介があってわたしに電話が来ました。キーボードも満足に打てず、これでは仕事にならないと訴えます。電話口で痛みの症状を聞いて、その場では解消し、大変感謝されました。

ところが、一週間もしないうちにまた電話が来ます。

これが三回ほど続き、わたしは人間関係を疑いました。

「誰か同業者に恨まれていませんか」

「……そんな覚えはありません。独立して以来、うまく立ち回ってきたつもりですが」

「では、友達や親戚筋などで恨まれているとかは？」

「ありません」

「もう少し範囲を広げて考えてみてください」

「……そういえば、昔の仕事仲間から嫌われているかもしれません」

と、ぽつりぽつりと語り始めました。本人に決して悪気があったわけではありません。行きがかり上、そうなっただけのようです。ときおり、ビジネスとはこのようなことがあります。誰に発注するかは、お客様次第なのです。

「いわれてみれば、あの件があってから指が痛むようになりましたし、そのお客様からの定期的な仕事もなくなりかけています。理由はわかりません」

「自分が相手を恨んでいるのであれば、まだどうにかなります。自分の心次第ですから。しかし、相手あってのことは、こちらだけでは限界があります」

「どうすればいいのでしょうか」

「詫びるのです」

「詫びるって？　こちらは悪くありません」

「しかし、これ以外に方法はありません」

「どうも腑に落ちません」

「腑に落ちなくても痛みを抑えたいのであれば、詫びるのです」

その場は納得して、受話器を置きました。

その後その会社は順調に事業が成長していると聞いています。たぶん、痛みもなくなったのでしょうか。これに対し、恨みを送っていた会社はうまくいかなくなり、たたんでしまったそうです。本人は離婚し、どうなったかは不明です。

不調を脱したい、回復したいのであれば、
腑に落ちなくても、心の中で相手に
「詫びる」こと。

## 13 女性からの想念

生霊の性別によって、痛む場所が異なることを理解できますでしょうか。ちょっと興味深い話です。これはわたしに限らず、他にも指摘している能力者が何人かいますから信憑性があります。

女性からの恨みはだいたいが身体の左側にさまざまな症状が現れます。それらを具体的に列挙してみましょう。

・身体がだるくなる
・めまいがする
・左目が充血しかすむようになる
・白内障
・緑内障
・左膝に水がたまる

以下の不調にもご注意ください。

・左の肩甲骨の痛み
・左肩の痛み
・左胸の痛み
・左膝の痛み
・左側の片頭痛
・左手の腱鞘炎
・左半身のしびれ
・左足の爪が黒色に変色
・爪がデコボコに変形
・息苦しさ
・不眠症

これらがさらに進むと以下になります。

・内臓器官の変調
・運気の低下
・会社の業績悪化
・部下の汚職

左側に体調不良が現れたら、女性からの恨みや妬みがないかを確認してみてください。何かしら思い当たることがあるはずです。

これは、妻と離婚してから内臓の病気にかかり、入院しているご高齢の男性からの相談でした。

指定された病院を訪れると、左足の親指が黒ずみ、中指に黒い斑点ができていました。典型的な女性からの症状です。

「これは大変ですねえ。さぞかし痛いことでしょう」と言いながら、直感的に離婚したもと妻からの恨みを感じました。

「失礼ですが奥様は？」

「別れて数年がたちます」

「痛みはそのころからでしょうか」

「一年ほどしてからです」

「この痛みは奥様からの恨みです」

「恨み？」

「奥様にとっては不本意な別れになったのではありませんか？」

「……そうかもしれません」と、男性は認めました。

「どうすればいいのでしょうか」

「詫びなさい」

「別れた妻にですか」

「そうです」

「しかし、わたしは悪いことをした覚えはありません」

「でも、詫びるのです。この痛みから逃れるにはこれしかありません」

「……」

「何度も何度も詫びてください。毎日、真心でお許しを願い祈りなさい」

「……わかりました」

男性は素直に、自分の所業を反省、懺悔して相手に詫びを入れることを約束しました。次第に痛みやつらい症状から解放され、八十八歳まで長生きしました。

一般に女性から恨まれた場合には、左手の指や足指に異変が現れます。とりわけ、左足の親指の爪が黒ずみ、爪に横波のようにデコボコになっている方を多く見かけます。

離婚後も健康を保つことのできる方は、珍しいように思います。それほど離婚は体調に変調をきたします。

これは左肩こりと左の腰痛に悩まされている女性四十四歳からの相談です。電話ですから、遠隔による治療になりました。

遠隔による治療でその場は改善し、感謝されますが、数日してまた電話が来ます。これは、近しい関係の女性との感情のもつれがあると感じました。聞くと

「母親と仲が悪く、長く会っていません。母親は男運が悪く、父親と別れてからも何人か家に連れ込んでいます」

というような話を三〇分ほど聞かされました。言いたいことを言うと、けっこうストレスが発散されたようです。

「あなたの身体の異常はお母さまからの恨みです」と伝えました。

「恨まれる覚えはありません。恨むのはこっちです」

「でも、お母さまはあなたに会いたい、好かれたいと考えているのです。それができず、あなたの体調不良に現れています」

「そんな信じられません」

「仲直りしなさい。そうすれば肩こりも腰痛もよくなります」

「でも……」

「詫びなさい。ごめんなさいと。毎日詫びるのです」

しばらくして、田舎へ帰って母親と数日過ごしたそうです。嘘のように肩こりと膝痛がなくなったと、お礼の報告がありました。

# 14　男性からの想念

女性とは逆に、男性からの恨みは身体の右の方に来るようです。以下のような症状が現れたら男性との人間関係を振り返ってください。

・めまい
・充血して右目がかすむ
・右の肩甲骨の痛み
・右肩の痛み
・右胸の痛み
・右膝の痛み
・右側の片頭痛
・右手の腱鞘炎
・右半身のしびれ

誰でも、目が充血した経験があると思います。疲れ目や眼病が原因の場合を除いて、朝起きて左目が赤く充血していたら女性からの強い恨み、右目だったら男性からの憎しみを疑ってみましょう。

前日に争いごと、あるいは何かの原因で相手から強い、悪念が来ています。自分は悪くなく理不尽でも、もし憎んでいると思われる相手がわかったら、早く相手に真心をもって心で詫びていけば、速やかに症状は消えて、目の痛みや充血も解消されます。

初めのころは、赤い充血ですみますが、年月とともに白濁になってきます。そして、徐々に白内障、あるいは緑内障等の病気になるように思われます。

現代の医学では他に原因を求めるでしょうが、わたしの研究では、長い年月相手から強い憎しみを受け続けた結果と思われます。

子どもさんのような白目のきれいな40代~50代の人に尋ねてみると、だいたいにおいて、争いごとをしたことがない人が多いようです。

これは右目の充血の例。

その男性は、朝起きたら真っ赤に右目が充血していました。身体全体も、だるかったと訴えます。

「最近、男性の方とのトラブルがありませんでしたか」と尋ねると、

「あったような、ないような……」

「心当たりがあるようですね」

「そりゃ、商売ですから抜いた抜かれたはあります。」

「その方を思い出して憎しみ、怒りの心をもたせたことを、心の中でお詫びしなさい」と伝えました。

三日ほどたって、症状は軽くなり、充血もなくなったそうです。


これはわたし自身の体験です。

仕入先の専務が自殺し、その葬式に出ましたが、その日から右胸や右肩が痛み、一週間熟睡できませんでした。大変つらい思いをしました。どうやらその専務がわたしに助けを求めているようでした。

そこで一週間後、その家族と供養しました。

「生前はお世話になりました。ありがとうございました。おじさん苦しめてごめんなさい。家族が誰も、おじさんの苦しみをわかってあげることができず、ずいぶんご迷惑をおかけしました。誠に申し訳ありませんでした」と、家族から伝えました。

その日からはわたしの痛みもなくなり、夜も眠れるようになりました。感謝とお詫びが供養になるようです。

## 15　相手への想念は自分に返る

人に恨まれることの恐ろしさを説明してきましたが、この逆もまた真実です。

人を「恨む」または「呪う」というのは大変危険なことです。

これはぜひ、記憶に留めておいてください。

「人を呪わば穴二つ」ということわざがあります。他人を呪い殺そうとして墓穴を掘れば、その報いを受けて、自分も死んで墓穴も掘らねばならないということです。

これには二つの教訓があります。

一つ目は「呪う」だけで相手を殺すことができるということ。これは大変なことです。人間の心はそれだけ強い念力を持っています。恨んで恨んで恨み抜けば、その相手の体調を壊すことぐらい簡単なことです。最悪の場合は呪い殺すことができます。「人の一念岩をも通す」といわれるように、邪念は悪作用を及ぼし、善い一念は生命エネルギーが高揚し、自然治癒力が高まり病気を癒します。

ところがこれだけではありません。もう一つは、相手を呪い殺すことは自分を殺すことにつながるということです。一つ目の穴は恨む相手の墓穴です。二つ目は自分が入る墓穴です。

「天に唾吐く如く」とも言われます。その邪念のエネルギーが自分自身に倍加して振り返ってきます。意識的、無意識に関わらず生霊を発した人は、受けた人と同じかそれ以上の激しい症状となって苦しみ、運勢も低下して、まさに自業自得となります。

憎まない、憎まれない、妬まない、妬まれないことです。思いやり、親切、感謝、無償の奉仕などに心がけることが大切です。

大阪の男性から電話で寄せられた相談です。その方は五十四歳でした。

右の肩甲骨の痛みが何年も続いているとのこと。病院でも快癒しませんし、能力者にかかってもすぐにもとに戻ってしまい、痛みが取れないとのことでした。

「男性との人間関係で、問題がありませんでしたか」と、わたしは尋ねました。身体の右側に症状が現れるのは、男性からの想念です。特にこの方の場合は、近親者からの想念が疑われました。

「兄にお金を貸しているのですが、何回催促しても支払ってくれません」

「それで恨んでいるのですか？」

「当然です。とんでもないことです」

「それが原因です。お兄さんへの催促があまりに強く、怒り、憎しみを持っているために痛みとしてきています」

「どうすればいいのですか？」

「お兄さんに詫びてください」

「詫びる？　わたしは悪くありません」

「悪くなくても、ご兄弟の不仲で、ご先祖様が大変苦しんでいます。その苦しみがあなたの痛みになって現れています」

「納得できません」

「ご先祖様は争いごとを最も好みません。あなたの痛みを癒すにはお兄さんを許して詫びることです」

電話口では納得できずに、遠隔の施術は終わりました。しかし、数日後、兄と話し合って、借金はなかったことにしたそうです。それから右半身の痛みは不思議と消えたとのことです。


これも兄弟間での争いが原因でした。

親が亡くなり遺産相続で兄弟姉妹の間で争い、その長兄から相談を受けたのです。そのお兄さんが頭痛、肩こり、腰痛等に悩まされ、どうしようもないという訴えでした。

電話を受けて、これは兄弟姉妹らの憎しみ合う想念が心身に変調をきたしていると感じました。確認するとそのとおりでした。

わたしのアドバイスで、兄弟姉妹が財産を平等に分配して決着し、兄弟姉妹のわだかまりも消えて、身体の痛みもなくなったとのことでした。遺産における兄弟間の争いは、先祖が苦しみ、それが体調の不良となって現れます。

想念は目に見えず、消えてしまうように思われますが、強い想念が続く限り自他ともに影響を及ぼします。人は悪い想念を持たないよう注意が大切です。人が憎悪、嫉妬、不平、不満の感情など、憎しみの相手に強い思念を発していると、その悪想念は生き霊となり、恨んだ相手に災いを及ぼすのみならず、自分にもその災いが返ってきます。このような例は実に多くあります。

相手への想念は自分に返ってきて、自分の運と健康状態も低下する。憎悪、嫉妬、不平、不満などの悪感情をもたないように注意すること。

## 16　親子の葛藤

近年、自分の子どもが親不孝という悩み相談の多さには驚かされます。

ところが、よく確認すると自分自身も親不孝をしていたケースが多いのです。親不孝していると自分の子どももそういうことになります。

気付いた人は早く親孝行するように心を切り替えることをお薦めしています。子どもは親の姿を見て育ちます。親孝行して、はじめてご先祖様も喜び、老後は幸せが来ると確信しています。

親不孝は、精神が異常をもたらすことが多いようです。また、大きな事件、事故、けが、大病、難病等が発生するようにも見受けられます。

これはノイローゼとして症状に出ていた例です。

相談を寄せたのは五〇代の女性で、その悩みは息子のノイローゼでした。大学に入ったものの、ノイローゼ状態が続き、学業もおぼつかず、休学になっているとのこと。遠隔治療を数回繰り返し、右肩、右首、腰痛は解消に向かいましたが、精神的な症例は改善しません。そこで、その息子さんを電話口に出してもらい、問いかけました。


「あなたはどなたかをひどく憎んでいませんか？」

「それがどのような影響があるのですか？」

「わたしの経験からいくと、あなたのような症状には親子間の葛藤があります」

「……父親を憎んでいます」

「どのような理由であれ、ご両親を憎むのはよくありません。ご先祖様が苦しみ、それがあなたの病気の原因となっています」

「死んでも憎み続けます」

「それがよくありません。父親に今までの憎しみを詫びて、今日から感謝の心を持つようにしなさい」


これでその日の遠隔治療は終わりました、わたしはこの青年が改心することが予想できました。自分でもうすうす感じ取っていたのです。それを誰かに指摘して欲しいと、相談者は待っていたのです。


こんな相談もありました。

自分の子どもが親不孝ばかりするという父親からの相談でした。家を出て、悪い仲間と知り合い、バイクを盗んだり、暴走行為などを続けています。たまに家に来るのは、お金の催促か、母親に暴力をふるう時ぐらいです。

「では、あなたは親不孝をしませんでしたか?」と、わたしは尋ねました。

「……親不孝をしていました。親に心配ばかりかけていました」

「それをご先祖様に詫びなさい。息子さんは改心します。あなたの親不孝をご先祖様が悲しんで、それが息子さんに現れているのです」

「……そうでしたか」

それ以来、ご子息は高校に復学し、高校を出てからはエンジニアとして修行を重ねているとのことでした。

## 17　夫婦間の想念

結婚というと皆、甘い生活を期待しているようですが、人生において結婚生活が修行の場であるとわたしは思います。子どもを育てることによって、父母の苦労がわかるものです。特に一歳二歳位までの子どもの病気の原因は夫婦の争い、あるいは心の葛藤が原因だと思います。

夫婦仲良くすることが子どもの幸せにつながります。夫婦の仲が悪いと子どもの夜泣きが続きます。子どもの微熱等も同じです。子どもは宝です。夫婦仲良く、大切に育ててください。

妻が夫に邪念を送った場合は、妻には次の症状が現れます。

・メニエル氏病
・肩こり
・頭痛

・右胸痛
・めまい
・腰痛
・右膝痛
・首痛

また、右の親指の爪の変形、および爪の色が黒ずんできます。右耳が少しずつ、ほとんど聞こえなくなりますが、これは夫の意見を聞き入れないためと思われます。

メニエル氏病は、めまいと難聴・耳鳴り・耳閉感の症状が同時に重なる内耳の疾患です。これは二〇代から三〇代の若い妻に多いようです。

反対に、夫が妻に不平不満を持った場合は、食事がうまくなく、胃腸の働きが弱くなり食事が平常の半分ほどになるようです。

「夫からの暴力と浮気に困っている」という訴えを受けたことがあります。五〇代の女性からでした。訊くと、身体の調子も悪く、内科から産婦人科等、七カ所の専門医に毎日通院しているとのことでした。

「旦那様を恨んでいるのですか」

「恨んでいます」

「それがあなたの体調不良の原因であり、旦那様からの暴力と浮気の原因でもあります」

「おっしゃっていることがよくわかりません。悪いのは夫です」

「いいえ、その原因をつくっているのが妻であるあなたということです」

「信じられません」

「ここはそういうものと考えを切り替えて、旦那様に感謝してください」

「……理解できません」

女性の方はなかなか頑固な方で、こちらの意見を聞き入れようとはしませんでした。その後、電話はなくなりました。

夫の暴力・浮気は、女性の方に原因があると思われます。夫に一生懸命感謝の心で尽くしていたら、夫の暴力は起こらなかったでしょう。浮気も夫にセックスを拒否するなどの理由から他の女性に走ると思われます。それが長く続くと離婚の引き金になります。離婚は性格の不一致といいますが、性の不一致でもあります。お互いにけんかはしてもすぐ水に流していけば、良い夫婦生活が続きます。

女性の方に強く言いたいのは、夫を大切にするということです。そうしていれば、老後は絶対幸せになります。夫婦はお互いに大切にしてこそ、先祖が喜び、目に見えない世界が守ってくれるのです。

今度は男性五〇代からの相談でした。身体がだるく、左の足の親指の爪が真っ黒です。これは女性からの生霊だと直感しました。

「あなたは女性の方から強い恨みを受けていますね」

「そうかもしれません。離婚して三年になりますが、離婚した年からこのような状態が続いています」

「奥さんの強い邪念で身体がきつく、それから左足の親指の爪がどす黒くなったようです」

「そんなことがあるのですか？」

「離婚した奥さんに、毎日真心で『お許しください』と祈ってください」と、諭しました。

この男性は素直な方でした。それから毎日元妻に心から詫びたといいます。

一カ月後、身体も軽くなり、爪の黒いのも徐々に正常に戻ってきたとの報告がありました。


わたしの経験では、お互いに相手を憎しみながら離婚した人は、その後の人生で幸せになる人は少ないようです。お互いに憎しみ合い、怒りだけの感情が残り、その邪念が強い場合は、互いに病気、痛み、あるいは身体の不調になってきます。

やむを得ない事情があろうとも、離婚はしないようお薦めします。人は修行のために生まれてきているのですから。その修行の場が結婚生活なのです。


夫婦げんかは一概に悪いとはいえません。お互いに意見を述べ合って、理解できれば心にストレスもたまらず健康にいいかもしれません。

逆に夫婦げんかもせず他から見れば一見仲の良い夫婦に見えますが、我慢しているためにストレスがたまり、心身を壊す例があります。お互いの意見を述べ合い、理解することをお薦めします。

相手を思いやり、慈しみ、いたわる精神は日本人の美徳です。

女性は結婚しても自分の生家のご先祖が見守ってくれます。自分が死を迎える時には嫁いだところのご先祖様が霊界へと導いてくれるのです。ですから女性は両家のご先祖を大切にお祀りすることが肝要です。妻は夫に尽くし、夫は妻に感謝することが幸せへの第一歩だと思います。

夫婦仲が円満であれば健全な明るい家庭が築けます。子どもたちは素直に育ち、親孝行ともなり、友達を大事にして、優しい思いやりある人間に成長することでしょう。

## 18　病気の原因

今までも指摘してきましたが、病気や運気の悪化には原因があります。これらを整理し、順に紹介していきましょう。

前立腺がん

前立腺は膀胱の下に位置し、尿道のまわりを取り囲んでいる男性のみの臓器です。そのがんは、女性からの強い憎しみが何年も続いた場合に発症します。わたしはそう確信しています。

前立腺がんを患っている男性と話していると、ほぼ確実に女性の暗い影があります。最初はあり得ないと否定しますが、和んでくると正直に話すようになります。

前立腺がんは、真心で相手に「お許しください」と心の中で祈り続ける以外、解決策はありません。これによって、医者に見放された人でも元気に働いている例があります。

前立腺がんで苦しんでいる五十五歳男性からの相談です。

「前立腺がんだけではありません。左の肩甲骨の痛み、左の肩こり、左の胸痛、左側の頭痛、膝の痛みも長く続いています」

「いつからですか」

「三年ほど前からです」

「そのころに女性と問題を起こしませんでしたか？」

「前妻と離婚しました」

「前妻の方の憎悪の念が原因です」

「そんなことがあるのですか」

「よくあることです」

「よくある？　どうすればいいのでしょう」

「前妻に真心から詫びて祈り、またご先祖にも許しを請い、祈るようにしてください」

「……」

この方は素直に認め、わたしのアドバイスに従いました。数カ月で、肩こりなどの痛みも消えて症状が軽くなり、元気に生活しています。前立腺がんの再発もありません。


もう一つ事例を紹介しましょう。この方は、ずいぶん重い前立腺がんでした。年齢も六十七歳、医者からも見放され、生きる気力さえも失っていました。

「あなたは女性とのトラブルかいさかいがあったでしょう」

「ありました」

「その方に心から詫びなさい」

「はい」

「毎日詫びるのです」

これでその方は快方に向かい、今では自分で車を運転して仕事ができるほどになっています。

右の乳がん
男性、特にご主人を憎んだ場合、この病気が発症します。
ご主人に心から素直に毎日「お許しください」と詫びることで、快方に向かいます。心を正しくして、ご主人に詫びることです。
三十八歳の女性から相談を受けたことがあります。遠隔治療でした。

「夫が浮気をしたため、恨んでいます。許すことができません」

「それでは快癒できません」

「それでも、やはり許すことができません」

「不本意でも、一生懸命お詫びをすることです」

「そんなものなのですか」

「そんなものです」

右側の乳がんで手術はしましたが、遠隔治療の効果もあり、驚くほど早く退院できました。病院の先生もびっくりしたそうです。

夫の浮気に対して妻が詫びるなど不条理と思われるでしょうが、憎悪心が強ければ強いほど、その念が増大して相手に生霊となって発せられます。相手の心身に変調をきたすばかりでなく、発した想念が自分に倍となって返ってくることを心得ねばなりません。生霊の場合の解決法は、不本意であろうとも相手に心から詫びることです。

左の乳がん
左の乳がんは、自分の母親あるいは旦那が浮気した相手を恨んでいる場合に発症します。憎んでいる相手に真心を込めて毎日詫びると軽くなると確信しています。

五十九歳の女性からの電話による相談でした。

「左の乳がんです。その他に、首の後ろの痛み、頭痛、左肩の凝り、めまいもあります」

わたしには直感するものがありました。

「母親への恨みはありませんか」

「恨んでいます。わたしを捨てた女です」

「その恨みがご自分に返って、乳がんになっています」

「薬ではよくならないのですか」

「限界があるでしょう」

「どうすればいいのでしょう」

「お母さんと和解することです」

「和解といわれても」

「心から詫びることです」

素直な女性で、生母に心から詫びるようにしました。母親も似たような症状でしたが、こちらも健康を取り戻したそうです。

女性を強く恨むと、それが生霊となって相手を病気にし、それが自分にも返ってそれ以上の重い病気になります。とりわけ、生みの親を恨むのは天に唾するようなもので、確実に罰が自分に返ってきます。

子宮の病気

子宮のさまざまな病気は、女性同士の長い年月の憎しみ合いの結果です。女性同士の憎み合いで、両方ともに子宮関連の病気になります。

これを指摘し、相手の女性に真心で毎日詫びていくと、互いの悪念が消えていきます。けんかや争いごとは互いに早く水に流すべきです。憎しみあったままでは、老後の人生が不幸になります。

うつ病

うつ病の原因は他人への恨みであると思われます。

人間関係のつまずきが自分自身を体調不良にしています。

また、相手からの憎しみ、怒りの邪念を受けていると、この生霊の念により苦しみ、不調の原因になるようです。人間、良い時ばかりではありません。このようにトラブルが発生した時、憎しみ怒りなどの感情が心に湧いてきます。その時、短時間で心のストレスを水に流すように気づくことが大切です。

早く気づき、毎日「お許しください」とお詫びの心で念ずると、お互いに少しずつ良い方向に向かいます。

若くして結婚し、三年ほどで離婚した女性の方が六年間仕事もせず、体調不良の状態で過ごしていました。結果、憎んだ方も憎まれた方も二人ともに体調が悪くなってしまいました。心の正しい持ち方に気づいてください。

耳鳴り

他人の意見を聞かない場合と、ご先祖様が故あってこの世にメッセージを発している時に、耳鳴りがするようです。左の耳の場合は女性、右耳の場合は男性に起因すると考えられます。

難聴

他人の意見をあまり聞かない方が多いように感じられます。夫婦の場合、奥様がなる場合は旦那様の意見をあまり聞かず自分勝手な生き方をする人が多いようです。旦那様の意見をあまり聞かない場合は、右の耳が不調になります。

腰痛

先祖からのメッセージと思われます。
だいたいにおいて、ご先祖が助けを求めてきていることが多いようです。

膝痛

自分の邪心、先祖からの助けのシグナル、あるいは地縛霊等といろいろの場合があるようです。あの世の人が、助けを求めて来る場合が多いようですが、自分の心が悪念を持った場合にも膝痛が起こるケースがあります。

交通事故
事故とはいえ、これにも原因があります。事故を起こした本人に質問すると、やはり対人関係が良くない時に、事故を起こしているようです

耳の痛み
三歳になる子どもの右耳の痛みを、スピリチュアルヒーリングで軽くしてあげたことがあります。
原因として妻が夫の意見を無視し続けていたために、子どもに痛みとして先祖からメッセージとしてもたらしたもののようでした。
子どもは純粋です。何の罪もないのに、夫婦の心が通っていないために、子どもに痛みが及んでくることは理不尽なことです。

血液のにごり
血液のにごりは腹立ちが原因となって発症します。

脳血栓

脳血栓は相手を呪っている場合に発症します。

親指の症状

右の足の親指の爪の変型や黒ずみは生霊の疑いがあります。

何カ月も邪念がくると、右足の親指が黒ずんでくるように思います。痛くなくてもスピリチュアルヒーリングをするとその念が取り除かれます。

歯茎の痛み

生霊と感じています。左側の場合はだいたいが女性、右側の場合はだいたいが男性です。相手の人がわかったら、詫びていくと、軽くなるようです。相手の人がわからない時は、「どなたかわかりませんが、歯茎にきている方、お許しください」と詫びていくと良いように思います。

肩甲骨の痛み

生霊と思います。相手の強い憎しみ、怒りなどの念が原因です。念が何日も続いた時に、肩甲骨の痛みとして感じられます。

死霊は、祈るとすぐ消えますが、生霊の場合は、生きている人の思いですから、スピリチュアルヒーリングしても、また波のように次から次に押し寄せてきます。お互いの憎しみ合いが消えた時、はじめて回復します。念の相手がわかったら自分は悪くなくても「憎しみの心を抱かせてごめんなさい」と心の中で念じていけば自然と軽くなります。

五十肩

感謝の心が不足しているようです。不平不満の生活から、感謝の心に切り替えると五十肩は軽くなり、回復するようです。

肩こり

男女とも、悩み憎しみ等の原因が多いと思われます。ほとんどは対人関係の心の葛藤で、女性からの念は左肩に現れます。男性からの念は右肩に現れます。

女性の便秘

男性に比べて女性の方は便秘の人が多く、その原因は夫に対する不平不満と思われます。夫への感謝の心に切り替えると軽くなるようです。

認知症

わたしの経験では、若いころから長年争いごとをしている人が、認知症になりやすいように思います。

胃がん　腸がん

日ごろの不平不満が胃がんや腸がんになって発症します。いわゆるストレスです。朗らかに暮らすように心がけると、回復していきます。

## 19　亡くなっている存在

いままでは、人間と人間との間での悪念を取りあげてきました。亡くなっている存在（ここでは死霊とよぶことにします）についても触れておきましょう。こんなことをいうと、眉をひそめる方もいらっしゃって、現代科学ではまだ否定されていることは私もよく知っていますが、本当に困っている方のために付け足しておきたいと思います。実際に死霊が原因の場合はそれほど多くはなく、ほとんどの場合は人からの恨みが80～90％であり、死霊が原因のケースはまれですがまったくないわけではありません。

亡くなった相手に対しても同じなのです。

亡くなった存在、たとえば自分の親などを怨むなどの場合です。死霊は亡くなっている存在なので、こちらからの恨みをなくしたり、生存中の恨みをなくすことで、痛みからも解放されます。

## 未浄化霊

自分とはまったく関係のない、浄化されていない霊が憑依することもあります。例えば、地縛霊（じばくれい）とは、自分が死んだことを受け入れられなかったり、自分が死んだことを理解できなかったりして、死亡した土地や建物などから離れずにいる霊のことです。霊媒体質の人は、このような霊に取り憑かれることがあります。死霊に憑依された場合は、主に身体の痛みや心身の不調などの症状が現れ、黒いオーラが見えます。

これは長崎から東京へ向かう飛行機の中でのことです。羽田空港に降り立ったと同時に、わたしの後ろの席に座っていた女子大生らしき娘さんの体調が急に悪化しました。顔は青白く動けなくなってしまいました。これは憑依ではないかと思い、乗客が降りた後、スピリチュアルヒーリングをほどこしました。どうやら、この座席で亡くなられた方が助けを求めて娘さんに憑依したと思われます。

公共の電車、自動車、飛行機、旅館、ホテル等で亡くなられた方も供養することが必要です。ホテルや旅館などで亡くなられている方がいた場合、その部屋をきちんと供養して浄化することで、経営も上向きになります。

地元長崎の建設会社社長からの相談でした。その夏、長崎では大雨があり、多くの家が倒壊したり、床上浸水になりました。それら家々から改修の依頼があり、見積りのために、一日に何十件も訪問したといいます。

「その日からというもの、右の脇腹が痛くてしょうがありません。どうしたものでしょう」というのです。

「どなたかの死霊を拾いましたな」

「やっぱり……」

「なに、すぐによくなります」

少し祈ることで、霊は浄化され、社長の症状は回復しました。

世の中には未浄化霊を拾いやすい、霊媒体質の人がいます。わたしの経験では全体の六％ほどが霊媒体質です。神社仏閣や斎場などへ行くと、誰かしらの霊を背負い込んでしまいます。

そして、頭、肩、腰、膝、足などに痛みを覚えます。霊たちは、この人に頼れば助けてくれるとわかっているのです。浄化できずに苦しんでいる霊につかまったら、お祈りし、光の場所に霊を導かなければなりません。自身でできないのであれば、能力者にすがらなければなりません。

正しく導くと、感謝のメッセージが届きます。わたしの場合は、額、左足の親指、胸などが暖かな感じになります。


ヒーリングや除霊を行うことで、その人から死霊が離れ、祈ること（浄霊）によって未浄化霊は浄化され、光の彼方に消えていくように感じられます。

しかし、憑依を受けやすい体質の人は除霊してもまた別の霊に取り憑かれるので、低級霊や未浄化霊と波長を同調させないよう、自分の波動を上げる努力が必要です。

波動を上げるには生命エネルギーを高めることです。心をいつも明るく前向きに生き生きと、感謝と奉仕の気持ちを心がけることで、生命エネルギーが活性化でき、憑依を受けにくくなります。

人以外で運の低下や体調不良になった時には、除霊やヒーリングをしてもらう。また、そうならないために、明るく前向きに感謝をして、霊格を上げておくことが大切である。

# 第３章

# 運をつくる術

（この章のはじめに）

悪い想念エネルギーというものが、目に見えなくても、想像以上に巨大なパワーをもっていて、それが相手の運を壊し、身体を壊し、また、想念を送った自分の側にも同様な運の破壊や身体の不調が現れるという原理はお分かりいただけたでしょうか。このメカニズムさえ、分かってしまったら、いままで幾度も繰り返されてきたような、せっかく努力をして築き上げた人生の成果が、あっという間に崩れ去って跡形もなく水の泡になってしまうことを防ぐことができます。このようなことは、昔の人はよく知っていたことで、『人を呪わば穴二つ』など簡単な言い伝えのかたちにして伝えてくれています。この言葉を耳にしたことはあっても、具体的に意味までは知らなかったかもしれませんが、いまはもう正しく知ることができました。これを知るのと知らないのとでは大違いで、いくら努力しても自分から運を崩してしまっていたら、いつまでも骨折り損のくたびれ儲けになってしまいます。とはいっても、まだ知識としてわかった段階なのです。知っただけではだめで、何事も実践しなければ効果は現れません。実際に、行動としてはどういうことに注意していったらいいでしょうか？　その具体的な行動を、これからご説明していくことにしましょう。これを知ることで、あなたは運をつくれる人になることができます。悪い運であったものが、書いてあることをするだけで、たちどころに良い運に好転していくことができるでしょう。たとえ、いま現在、あなたの運があまりよくないものであったとしても、たとえゼロだったとしても、そこから運はつくることができるのです。さて、では、ここからは、運をつくる方法について説明していくことにしましょう。

## 20 憎しみの心を水に流すことで運はよくなる

人間ですから一時的に憎んだり憎まれたりすることはあると思います。しかし、長い年月憎しみを持ち続けていることは不幸の始まりと思われます。痛み、病気等いろいろなことが発生する原因のもとであると長年の心のケアの中で気づきました。わたしは早く憎しみの心を水に流すように皆さんにアドバイスしています。

アドバイスに対して素直な心と真心で実行している人は皆良い結果が得られています。その後の人生にプラスになっていると確信しています。

がん、病気、身体の痛み、不調など、人は皆この人間関係の憎しみ合いによるものと思っています。全部とはいえませんが、人生の中で心の葛藤が長年続くと、50代〜80代にかけて身体の不調が来るようです。

神は常にわたしたちを見守っています。わたしたちの幸せを支援しようとしています。

神の光は、わたしたちの周りに満ち溢れているのです。

「神」という表現に抵抗がある方であれば創造主でもかまいません。成長への真理でもかまいません。わたしたちの存在を超えた絶対の力でもいいでしょう。人間の力を超えた目に見えない存在があります。その見えない力がわたしたちを助けようとしています。

本来ならば、その力がわたしたちに届いてしかるべきですが、これを拒んでいるものがあります。それが「恨み」や「呪い」といった人間の持つ邪悪な心です。神が助けたくても「恨み」の心がこれを妨げているのです。

わたしはご先祖様には感謝しなさいと、常々口にしていますが、なかでも両親は大切です。両親をないがしろにして人間は幸福になることはできません。

両親への恨みは神の光を妨げます。助けたくても、争いの念波が神の支援を拒んでしまうのです。両親には感謝しなければなりません。


商売や人から受けた相談事を通じて、人間関係の大切さを40、50代になって気づきました。今、いじめなどが社会問題になっていますが、若いときから争いごとをすると老後は幸せが訪れないと思います。人をいじめると相手から悪い思いがきて、互いに体調が不調になるからです。

いっぽう、若いときからボランティアなどで社会に貢献することで、老後の人生が幸せになると思います。社会貢献すれば、会社員でも営業マンでも、目に見えないところで応援してくれる人がいます。このような人は保険や車のセールスでトップ級の成績をあげており、みな良心的で誠実であることにわたしは気づきました。

運が良い人は親孝行と社会貢献する人で、口だけうまい人は真心がないようにわたしは思います。人情も大切です。両親と世話になった人にはいつも感謝の心を忘れてはなりません。年を重ねて、人間関係の大切さに気づきました。

心を信用できる「心友」は一人でいいと思います。ストレスが消えて健康的生活ができます。体調が悪くて健康診断を受けて何も異常がない場合はストレスが原因でしょう。そして父母を大切にすることで人間関係がうまくいき、運も味方をしてくれると確信します。

「親孝行」というと、今の若い人たちにとっては古くさく思うかもしれません。でも、「這えば立て、立てば歩めの親心」というように、親は、わが子が幾つになっても成長と幸せを願っています。この親心こそ、自然な愛情の発露だと思います。

近年、結婚しない男女が増え、共稼ぎで子どもをもたない夫婦、少子化や核家族化で郷里を離れ、親の面倒を見られない人もいます。親孝行したくても金銭的、時間的に余裕がない人もいます。

しかし、どれも親不孝だと決めつけるのは早計です。わたしは、七十路の半ばを越えて気づいたことがあります。真の親孝行とは、親にお金をあげることや面倒をみることだけではありません。親に心配をかけず、立派に社会に役立つ人間に成長してほしいと親は願っているのです。わたしたちの精神は悠久の先祖の流れを受け継いでいます。生かされていることに感謝し、家庭の和、人の和、社会の和を大切にして正しく生きることこそが、人の生きる道であり、親の恩に報いることではないでしょうか。

繰り返します。第一に感謝すべきは両親です。ビジネスの成功も、健康も両親への感謝なしには得ることはできません。

# 親への恨みの心は捨てるべし。
# まずは親への感謝なくして運はない。

## 21 「負けるが勝ち」と相手に譲ることが運をつくる

志岐先生のところへ行って勉強したことは、「競争の時代は終わった」ということです。「競争ではなく共存の時代になっている」のです。

戦って勝負をつける時代は過ぎ去ったのではないかと思います。助け合っていく時代となっているのです。

争っては禍根ばかりが残ります。はたして、戦って、何を得ることができるのでしょうか。人を苦しめ泣かせることが正しいはずがありません。

わたしは許すことが大切だと思います。場合によっては負けることも大切ではないかとさえ信じています。勝ち続けることに意義がある時代ではないのです。

人が争えばそのご先祖様が苦しみます。とりわけ、親子や兄弟の争いはご先祖様を苦しめます。ご先祖様の苦しみは、身体の弱いところに現れます。

えてして子どもは親と競争して、親の代を超えようとします。これが親への感謝へとなって現ればいいのですが、親を追放しようなどというのはもってのほかです。

長崎の料亭でも似たような争いがあり、結局裁判沙汰になりました。裁判までの騒ぎになれば、どちらが勝っても報われません。いずれ身体を壊し、身上をつぶします。その料亭も一人二人と従業員が離れていって、結局店を閉めてしまいました。

こういう時に訴えたいのが「負けるが勝ち」です。裁判で勝っても、ビジネスで生き残ることができるとは限りません。譲ってこそ生きる道があります。

親は感謝するべき存在で、会社から追い出したりするべきではありません。世間も許しませんし、お客様も支持しません。何より、ご先祖様が苦しみその苦しみが健康や商売に現れます。

儲けよう儲けようと思う人は損をします。そこで損をしても、努力を惜しまず這い上がってくる人が本物です。それがプロです。お金のありがたさや、他人の痛みもわかります。

政治家にもいました。この方は志岐先生のところに出入りしていた方です。親と争うことになり、結局親子ともども総倒れになり、事業で営んでいた生コンも倒れました。その政治家は心臓を患い、車いす生活になっています。

こんな素晴らしい方がいました。左右の白目が澄んできれいなのです。「子どものようにきれいな目をもつあなたは人間関係を素晴らしく生き方をした方ですね」と尋ねると、「両親からの教えで〝人との争いごとは絶対するな〟という先祖代々からの家訓のもとで育ちました」と答えます。

なんて素晴らしいと感動しました。人は皆争いごと、憎しみ合いを人生の中で繰り返すと白目が濁ってくるようです。争いごとが長く続くと、他の不幸が次から次に襲ってきます。

争いは不運、病い、身上をつぶすもと。
「負けるが勝ち」と譲ることが運をつくる。

# 22 恨まない、恨まれない生き方が運を上げる

商売で成功するには、得意先から信頼と信用をいただいて相手に利益を与えなければ、自分も栄えることはできません。

しかし、自分が栄えると、同業者からの恨みや妬みも生んでしまいます。これを放置しておくと、生霊となって襲ってきますから、健康を損ねたり、業績が低迷したりします。

同業者の身にもなって、感謝と懺悔の気持ちを忘れてはなりません。

欲は毒です。人間は生まれながらにいろいろなものが備わっています。お金も食べ物も、着る物も。それ以上のことに欲を出すのが毒なのです。人に迷惑をかけるのは毒です。人を騙したり、または脅かしたり、自分の我を出すということが毒。人もよし、自分もよしとするのをモットーとしましょう。

自分の運命を良くするための秘訣は次の二つ。
・素直に家族、兄弟、出会いの縁のある人に尽くすこと。
・先祖の悪い因果を少しでも良い方に向くために、恵まれない人を助け、世のため人のために我欲を捨て尽くすこと

これらの積み重ねが自分の寿命を延ばし、ご先祖様の悪い因果も少しずつ消えて、健康で光り輝く人生を過ごせるとわたしは確信しています。

そして、その子孫は努力すれば良いことが必ずあります。それに気づくことが大切です。若い時から悪いことの繰り返しでは、老後の幸せは望み得ないと思います。

良いことも悪いことも毎日ご先祖様は目に見えない世界で見ています。人を泣かせ、また恨み憎しみを他人に持たれると、自分自身に悪い生霊がきます。そのため、身体の痛み、心の病等の健康を害し老後まで苦しむことになります。

宿命はご先祖様からいただいた寿命だと思います。運命は自分で切り開いていくものです。悪いことをすると寿命は縮まり、良いことをすると寿命は延びます。世のため、人のために尽くした人は、大病をしても命をご先祖様から守っていただいて、社

会に貢献できると確信しています。

## 23 プラスの意識はプラスの現実となり、マイナスの意識はマイナスの現実となる

病気にかかり同じ程度の症状でも、早く回復する人、治りが遅い人と個人差があるように思います。ビジネスでも同じです。景気の波はどのような企業にも訪れますが、立ち直りの早い企業と、立ち直ることができず消えていく企業があります。

なぜなのか、わたしは以前から関心を持っていました。確かに人の体力には個人差があります。でも頑健そうな人は病気の治りが早く、ひ弱そうな人は治りが遅いとは必ずしも言い切れません。むしろ体力よりも心の持ちようではないかと、わたしは思っています。

心の持ちようというのは、前向きな明るい人、すなわち物事をプラス志向で楽観的に考える人。それに比べてよくため息をつくのが暗い人、すなわちマイナス志向で何事をも悲観的見方をする人です。これが、病気の治りや退院の早さの差になっている

と思えるのです。

いつも明るくプラス志向の人は、たとえ病気になったとしても回復が早く、入院しても退院が早まる傾向があるように思います。心や精神の働きが、身体の細胞を活性化させるのでしょう。

アメリカのがん研究所の話ですが、がんに患ってもプラスの心の働きによって、がん細胞を攻撃するイメージ力が強化され、がん細胞を消滅させることが可能だと報告されています。

人生はいかなる時でも常に明るくプラス志向で行動すれば、必ずや「天は自ら助くるものを助く」ということなのです。

人生は常に努めて明るく前向きに生きたいものです。

## 24　職場では嫌わない、嫌われないように人間関係を重視する

職場においていくら高給を取っていても、人間関係がうまくいかないとストレスがたまり、やがて会社をやめるか病気となっていくように思われます。生活するだけの

給料があれば、楽しい職場だったら良いのではないでしょうか。人のためになるような職場が良く、人から恨まれるような職場は好ましくないと思います。

健康なくしては、何事も成功できません。真の幸福は、自分で健康のカギを握った人にだけ与えられるものです。幸福のカギは天国のカギ、大事な時に大事なことを成し得なければ意味がありません。喜びも悲しみも、憎しみも体験してこそ知る。知恵も湧き生かすことができるのです。あせるな、急ぐな、ちょうどいいようになるまで、待とう。いろいろな体験があって、今がある。言うな、嘆くな、今を喜び、くみ取り、これでよかったと、貴重な自分の歴史を無駄にしてはいけません。

毎日を真剣に生きましょう。無駄な浪費はするな、手順よく頭と身体を使うこと。年齢に関係なくがんばることが大切です。

小さな喜び、大きな感謝、身心ともに健全でこそ最高の幸せがえられます。小金を大事に使う人はお金がたまります。大きな喜びはめったにありません。人を好きにならずして、いい人生はおくれません。

最大の財産は健康ですから、くよくよ悩む人は早く老化若死にします。
人に嫌われたら損、大損を大事な子に背負わせてはなりません。

職場では、人間関係を重視して、人を嫌わず、人から嫌われないように心がける。

## 25　もしも他人から恨まれてしまったら？

ビジネスに浮き沈みの波はつきものです。しかし、そのダウンする傾向を掴み、回避する方法があります。なかには、その波が激しく、数カ月単位で大きなアップダウンを繰り返す会社もあります。

これは体調も同様です。訳もなく身体に痛みが走ることがあります。疲れからくる不調であれば、一日か二日でいえます。倦怠感、肩こり、肩甲骨の凝りや痛み、手や頭のしびれ、膝痛、腰痛、神経痛など原因不明の痛みがこれにあたります。しかし、数週間にわたって取れない痛みは、別に理由があると考えた方が賢明です。

生霊を受けた人のオーラをみると、身体のまわりに薄赤い状態のものが見えます。その状態が長く続くと身体の変調ばかりでなく悲壮な憂き目にあう場合もあります。

わたしは、このような相談を多く受けます。そのような際にまず確認するのが、生霊の存在です。

生霊については今までも解説してきましたが、これほど厄介な存在はありません。生霊は執念深い人の邪念エネルギーなので、受けた人の症状の回復にはなかなか時間がかかり治りにくいものです。

生霊を受けた場合の対策としては、以下が考えられます。

●懺悔する

邪念を発している相手に心当たりがあるならば、たとえ自分は悪くなく理不尽と思っても、まず相手に対して「お許しください」と日々、朝夕祈ることです。生霊は邪念のエネルギーですから発した人の気持ちがおさまったり、心変わりをしたり、誤解が解けたりすれば、受けた人の症状は自然と癒されていきます。

●粗塩（あらじお）を利用する

生霊、死霊に関わらず霊的な対処法では、粗塩を自分の背中にふりかけるとか粗塩を入れた風呂に入ることも効き目が期待できます。

●マントラを唱える

真言のマントラを唱えるのも効果があります。マントラは古代インドにて仏陀や菩薩が説かれた聖なる言葉（呪文）で、日本には空海が伝えてきました。なかでも最も使われ、威力があるとされているのが、不動明王の真言です。以下に記しておきます。

ノウマク・サンマンダバザラダン・センダ・マカロシャダ・ソワタヤ・ウンタラタ・カンマン

光明真言も例にあげておきましょう。

オン・アボキャ・ベイロシャノウ・マカボダラ・マニ・ハンドマ・ジンバラ・ハラバリタヤ・ウン

なお、マントラは文字からだけで理解するのは不可能でしょう。しかるべき、能力者に教わり、仏に通じる回路を空けてもらう必要があります。

## ●和解する

何らかの手段で相手と和解するか、話し合って誤解を解くことが賢明です。

「怨みに報いるに徳を以てす。徳を以て怨みに報ゆ」という言葉があります。憎らしく怨みにふさわしい相手であっても、広い寛大な心で相手を許し、逆に徳をもって施します。いつまでも苦悶の心を持っていては自分が惨めになるばかりです。反対に嫉妬を受けた相手に対しては、自分には非はなく理不尽に思えても嫉妬する人に対して心から詫びて祈るか、話し合って和解することが賢明です。

憎んだ人とは誤解があるかもしれません。できれば食事でもしながら和解するのがベストと思いますが、できない時は毎日憎しみの心をもたらした相手に対して理不尽でも、真心で詫びていくしかないと思います。

祈るということは、良いことも悪いことも相手に伝わります。毎日が感謝と反省、素直な心で生活していれば健康で平安な一生を過ごせると思います。我欲を捨て、心がきれいであれば病気はしないと百歳の健康な人の話を聞いて、わたしも確信しています。

誰かから恨まれたら、自分は悪くなくても「お許しください」と祈ることで運が回復する。

## 26　詫びて人間関係を好転させると、運も好転する

最近寄せられた相談例を載せます。四〇代の方からですが、鋭い質問が含まれており、勉強になるのではないかと思われます。

相談者「仕事がなかなか安定しません。波があるのです」
森安「どのような仕事ですか」
相談者「コンピュータ関係です。Web系が多いです」
森安「営業とかは？　やっていますか」
相談者「わりとする方だと思います」
森安「不調はいつぐらいからですか？」
相談者「二〇一〇年ぐらいからです」
森安「ああ、リーマンショックの影響が出始めたころですね」
相談者「それもあります」

森安「他に変わったことは？」
相談者「嫁さんの実家に引っ越しました。同居ではなく、庭をつぶして一戸建てを建てました。子どもが大きくなったものですから」
森安「実家とはうまくいっていますが」
相談者「微妙です」
森安「ほう」

相談者「奥さんの妹がいるんです。いかず後家です。嫁にも行かず実家にいます」
森安「なるほど……。仲が悪い」
相談者「仲が悪いです。あれほど性格の悪い女を見たことがありません。あれでは嫁に行けそうにありません」
森安「それですね。恨んでいますか」
相談者「恨むまではいかなくとも、とても仲良くできそうにありません。向こうのうちにはほとんど顔を出していません」
森安「詫びなさい」

相談者「誰に？」
森安「奥さんの妹です」
相談者「なぜですか？　わたしはまったく悪くありません」
森安「恨みを持っています。あなたの心を変えない限り、あなたが抱えている問題は解消されません」
相談者「……ちょっと理解できません。向こうが詫びるのなら百歩譲ってわかるのですが、なんでわたしが詫びる必要があるのですか」
森安「物事をうまく改善するためです。心の持ち方を変えなければなりません」
相談者「わたしはあの女のために、三度土下座したことがあります」
森安「きつい性格のようですね」
相談者「あれほどきつい性格は見たことがありません。こっちはまったく非がないのに、少しでも言い合いになると、こちらが土下座するまで許してくれません」
森安「それはかわいそうに」
相談者「わたしは、スピリチュアルの世界で、心に問題あるというのは安直すぎると思います」
森安「といいますと？」
相談者「よくスピリチュアリストの方は『心に原因がある』『心を変えなさい』といいます。二言目にはそういうことを言う方もいます。これって卑怯です。卑怯ではありませんか。何となく理屈があっていそうですけれど、人間心を変えるのが一番難しいと思いませんか。わたしはそう思います。そこをつくのはいかがでしょうか」
森安「そうかもしれません」
相談者「心を変えるというのは、あきらめろと同義です。できるわけがありません」
森安「でも、事態を好転させたいと思いませんか？」
相談者「それはさせたいです」
森安「ならば詫びなさい」
相談者「どうも納得ができません。死んでも許したくないという人がときおりいても不思議ではないと思います」
森安「そういう方もいます。しかし、それはビジネスも健康も家族も失います」
相談者「容易なことではありません。これほど大変なことはありません」

森安「容易なことですよ」

相談者「そうですか」

森安「負けるが勝ちというじゃないですか」

相談者「信じられません」

森安「詫びないと、あなたの過ちが子どもの代まで残ります」

相談者「信じられません」

森安「そういうものです。ビジネスも順調に回転します。親戚ともうまくいきます」

相談者「……」

森安「だまされたと思って詫びなさい。心の中でいいのです」

相談者「……」

森安「お子様は娘さんですか？　息子さんですか？」

相談者「娘です」

森安「娘さんのために、だまされたと思って詫びなさい。心の中でいいのです」

相談者「……」

この後、相談者のビジネスは波もなく好転しているようです。そういうものだとわたしは確信しています。「ごめんなさい」と心の中で三回、毎日祈るだけです。これだけでも事態は好転します。それこそ、だまされたと思って念じてください。信じられないかもしれませんが、詫びることで不運は好転します。

## 27 Q&A なぜ相手を許すのか？

質問「痛みの原因が心にあるということがわかりました」
答え「そのとおりです。原因には生霊と死霊があります」
質問「死霊はすぐに祓うことができるそうですが、生霊は大変面倒だとお聞きしました」
答え「そのとおりです」
質問「わからないのはそこです。なぜ、根本から祓わなければならないんですか？一時的に癒されればそれでいいのではないのですか？」

答え「本人が治癒したいと希望しているからです」
質問「でも、根本は人を恨んでいたり、恨まれているからです」
答え「そうですね」
質問「それはそれでいいのではないのですか。なぜ先生はそこまでして根本的に癒そうとするのでしょうか」
答え「おっしゃることはわかります。確かに、心構えを変えるのに抵抗を訴える方もいます」
質問「その際はどうするのですか」
答え「説得します。恨んでいる相手を許しなさいと。それであなたは痛みから解放されますと」
質問「そこがよくわかりません。その場では痛みが癒されて、数日したらまた痛み出す。それで先生にまたかかる。それでいいのではないですか。それこそお得意様の誕生です」
答え「それも否定しません。確かにそうやって、お得意様を増やしている業者は存在します。しかし、わたしは無料で対応しています。お得意様がいくら増えてもうれしいことはありません。相談者にとってもメリットではありません」
質問「そこが、どうしてもわからないんです」
答え「キリストも見返りを求めて布教しているわけではありません。右の頬を殴られたら左の頬を差し出せと指導しています」
質問「有料で施術している先生からも時々このようなことを聞きます」
答え「天の父が広い心を持つように、あなた方も広い心を持つのです。この時、悩みや苦労や痛みから解放されます」
質問「そう聞くと、確かに癒されます」
答え「あらゆる争いから解放されたいと真に望むのであれば、相手を許すことです」
質問「……わかりました」
答え「頑固な人間ほど怖いものはありません。どうか素直になってください。」

ビジネスに競争はあるか？
質問「自分は相手を恨まない。それを自分の努力でできるような気がします。しかし、恨まれる場合は多々あるのではないでしょうか」

答え「あります。わたしも三十代のころは、原因不明な膝痛や腰痛に悩まされたものです。同業でも、風邪が抜けなかったり、体調をしばしば壊す仲間がいました」
質問「このような一方的に恨まれる場合は、避ける方法があるのでしょうか。そもそもビジネスに競争や勝ち負けはつきものではありませんか」
答え「そう思います。ビジネスに競争や勝ち負けはつきものです。だいたい、この世界は捕食と被食の循環で成り立っています。わたしはこれも神様の作り上げたもので、間違ってはいないと思っています。ただ、必要に応じて採るのはいいが、それ以上に遊びやゲームのために狩猟をするのは神は許さないと思います」
質問「ビジネスの場合はどうでしょうか」
答え「ビジネスに競争はつきものです。競争を忘れたものは忘れ去られます。ここに勝ちと負けがどうしても発生します」
質問「やっぱり避けられませんか」
答え「避けられませんが、必要以上に勝ってはいけません。そうでなくても恨まれます。正々堂々と戦っても負け組は悔しがります」
質問「どうすればいいのでしょうか」

答え「まず、許すことです」
質問「許す？」
答え「詫びるのです」
質問「詫びる……？　悪いことはしていませんが」
答え「悪いことはしていませんが、相手にダメージを与えています。それで恨むかもしれません。詫びることで、その恨みをかわすことができます」
質問「詫びることが必要なのですね」
答え「同業他社がいることで、あなたの成功があります。同業他社ばかりではありません。周辺の業者もいます」
質問「そうですね」
答え「このため、勝ちすぎないことです。一人勝ちは危険です。勝ちを譲りあう精神が必要です」
質問「順番に勝つとか」
答え「それは法的に許されません。勝つためのパターンをオープンにすることです」
質問「難しいですね」

答え「簡単ではないでしょう。後は社会貢献です。わたしは寄付を勧めています」
質問「わかりました。心がけます」

**自分に非がなくても、相手を許し、詫びていくことで、運をつくっていくことができる。**

# 第4章

# 徳を積めば運は何倍にも増える

（この章のはじめに）

さて、前の章では悪かった運を良い運に好転させる方法を学んできました。では、これから良くなった運を何倍にも増やしていくことにつながることについて学んでいきましょう。幸せに暮らしている方はたいがい実践していることでもあります。では、さっそく学んでいきましょう。

## 28　他人を褒める徳を積む

わたしは毎日血圧を計ることを日課にしています。平常時でも上が高めですが、日曜日に仲間と楽しい心の勉強会を行うと、翌日の月曜、火曜日は10～20前後も血圧が下がります。半年間も注意して観察しましたが同じ状態でした。

一方、仕事上の妬みや嫉みから悪想念（生霊）を受けたと感じる時は、血圧が10～

20くらい高くなることに気づきました。血圧は心の働きや想念に左右され、本人が意識せずとも潜在意識が自律神経に作用して、心臓から血液を送り出すポンプにも影響を及ぼし、血液の流れが悪くなり、肩こりや節々の痛みなどの症状を引き起こすようになると思われます。

日常生活で夫婦や家族や社会全体、お互いに人々は支え合いながら生きています。命をいただいている父母に感謝し、ご先祖様に朝夕と感謝の祈りを捧げるならば、一家安泰となるでしょう。また大自然の恵みに浴している諸々に感謝の念を忘れないこと。子どもに強制しなくとも、親が神仏に毎日お祈りする後ろ姿を見ていると、自然と子どもは学ぶものです。目に見えないものに対する畏敬の念を抱くことは人間として大切なことです。感謝の言葉や喜びの感情の想念もまた大きなエネルギーとなり、自他ともに良い影響を及ぼします。

現世で「世のため、人のために尽くす」ことは、徳積みとして最善の人生の生き方だと思います。心に優しく、思いやりのある人は、目に見えない世界で神様もご先祖様も徳を与え、守護してくれるものとわたしは確信しています。
このような心がけの人が霊界に旅立つ際には、安らかに往生するよう取り計らってくださるでしょう。

人生はすべての人が、この世に修行に来ていますから、苦労するのはしかたがありません。若い時の苦労、中年までの苦労はいいでしょう。しかし、老後になってからの苦労はみじめです。そうならないためには、徳を積むことが大事だと思います。

昔から「子孫のために美田を残さず」といわれるように、子孫のためにお金などの財産を残すより、徳を残すことが大切です。人は誰でも裸一貫で生まれ、あの世には何も持たず旅立つのです。なまじ財産を残すと子どもたちは醜い争いごとを起こすようになりかねず、悩み相談でも多く、ずいぶん考えさせられました。

人や動物、植物、物までも万物に愛情を持って慈しむならば、万物は必ずその心に応えるでしょう。犬や猫などのペットは無論ですが、植物でも愛をもって呼びかけると生育がよくなり、野菜でも実がよく生育することが実証されています。

また世のため、人のために社会に報酬を求めず奉仕をすると、目に見えない創造主からの大きな愛の贈り物が与えられます。大事なことは報いを求めないことですが「まかぬ種は生えぬ」というのもまた真実だと思います。

他人を褒める生活こそ人間の生きる道ではないでしょうか。誰でも長所・短所があります。長所をみて人と付き合っていけば対人関係は良転するものと確信しています。人の欠点を見ず、「この人はこういう人」と割り切って付き合っていけば良いようです。悪い人はいないと思います。夫婦生活でも同じだと思います。

他人に対する感謝の言葉や喜びの感情や褒めることが大きなエネルギーとなり、自他ともに良い影響を及ぼし、あなたの運をつくる。

# 29　寄附やボランティアをすると受注が増える不思議

ビジネスに勝ち負けはつきものです。発注もお客様次第です。

しかし、一人勝ちはよくありません。儲けすぎも同業他社から恨みを買います。

とはいえ、お客様あってのもので、自分で調整できるものではありません。

そこで、わたしは順当に利益を確保できた経営者には寄付やボランティアを推奨しています。税務上、控除が認められており、これこそ利益の社会還元です。

今の日本には大規模な天災が、繰り返し発生しています。それは目を覆いたくなるほどです。ボランティアの需要も増しています。


わたしの知っている銀行でもボランティア活動を推奨しています。なかには公共トイレの掃除などもありますが、これは素晴らしいことだと思います。

街の清掃事業や緑化運動に参加している企業もあります。そのような企業は目覚ましい業績の向上を示しています。経営上のメリットもありますし、地域に貢献するという従業員の意識改革にもつながります。
ボランティア活動は親がやれば、子どもも真似します。家族総出での行事にもなります。企業として大きな還元を得ることができる行為であると考えます。この活動に、自然と儲けはついて来ます。ビジネスの利益とはそういうものです。

また、わたしは志岐先生から四十歳の時に心の勉強をして、「運のメカニズム」がわかってからは、仕事が終わってからの時間に、無料の悩み相談をしています。かれこれ三十七年間になります。その間、全国からさまざまな悩みが寄せられました。病気や経営相談、夫婦関係をはじめとする人間関係のこと、お金のことなどです。いずれも、人の恨みが原因であることがほとんどです。わたしのアドバイスにより、悩みが解消した方から泣きながらお礼の電話をもらうこともあります。そうした時は天にも昇る至福の気分です。こうしたことをすることは、相手のためにしているのはもちろんなのですが、かえって自分の人生最高の喜びになり、人生を最も輝かせてくれることにもなっています。

わたしはできる範囲で寄付をしています。「世のため、人のため」をモットーに、三十余年間交通遺児の団体や親のいない子の施設に寄付していますが、見返りを得ようと考えずとも、不思議にもお得意様の紹介を得たり、思いがけなく商売が順調にいくように思われます。寄付をした翌日にはお得意先様が、また新しいお得意先様を紹介していただくという不思議なことが何年も続いています。〝お金は天からの回りもの〟とは、よく言ったもので、人を助けることは、本当に自分も助けていただくということだと実感しています。こうしたことから当社では、営業マンが一人もいないのにもかかわらず、お得意様が増えていくのです。

わたしが親戚の社長のことを霊言で訊ねた時「自分の寿命以上に生かされた」と言われました。この社長も人々をたくさん助けていました。人を助けることがひいては自分も助けられるということです。「情けは人のためならず」は本当です。

「握りっぱなし」では、それ以上のものはつかめないと思います。

世の中に還元してこそ、生きたお金の使い道となり徳を残すことにもなるのです。

日本でも、昔から困窮している人に恵み、奉仕する精神は美徳とされてきました。

欧米でもボランティアはとても尊ばれている精神です。

他人に施すことは、自分の徳を積むことであり、いわば自分の魂の進化向上に役立つことと心得たいものです。

「果報は寝て待て」という言葉があります。これは怠けていなさいということではありません。若いころから誠実に努力して信用を築き、恵まれない人々を助け、世のため人のために生きていけば、神々やご先祖様の目に見えない力を与えられ、ご霊導いただけるということです。

ここ数年、他から思わずお得意先の紹介を得たり、あるいは同業者が廃業して仕事が回ってきたり、同業者の病気のために注文が入ったり、人と争いもせずに自然と得意先が増加して、想定外で商売が繁盛しました。この生き方が、目に見えない神仏の力を得た「果報は寝て待て」の言葉の真意ではないかと思いました。

創業以来、営業マンはゼロだが、徳を積んでいると、不思議とお得意様を紹介していただく不思議が起こる。

■ここに、ある著名な方に教えていただいた言葉をご紹介します。ご参考にされてください。

運がつくれるお金の使い方

1．親や兄弟のために使ったお金は十倍になってもどる

2．税金は国のためで百倍

3．神や人を助けるために使ったお金は千倍になってもどる

お金を使ってすぐにもどる人もいるし、もどらない人もいる。なかには、お金ではなくて、健康とか長生きができるよう神が取り計らう。

# 第5章

# 目に見えない存在への感謝の想念が「見えない力」として返ってくる

## （この章のはじめに）

あなたは祈りというと、どういうイメージを持つでしょう？

これまでみてきたように、人の想念は物質と同じように働いて影響をもたらします。

尊い心をあなたが抱き、これを目に見えない存在に向けて発するならば、それは善なるエネルギーとなって空中を伝わり、見えない存在に届くのです。そうした善なる想念を目に見えない存在に向けることで、あなたの運は大きく向上していき、確かなものとすることができます。

## 30　ご先祖様に感謝する

志岐先生と出会い、心のことを学び、まず気づいたことは、昔からの日本人の伝統的美徳である神仏を敬い、先祖を大切に祀るという、極めてシンプルなことでした。

親は子どもの幼児期からしつけをしっかり行い、善悪の何たるかを教え、夫婦仲が円満であれば健全な明るい家庭が築けます。子どもたちは素直に育ち、親孝行ともなり、友達を大切にして、優しい思いやりある人間に成長することでしょう。

家族全員でお参りするのも大変重要です。ご先祖様は非常に喜びます。わたしは、自分の先祖に尋ねてみて、答えていただきました。わたしの地方ではお墓に造花でお墓参りをしている方が多いようですが、ご先祖様はやはり造花より、生花の方が良いようです。

わたしは鶏卵の卸業を営んでいますが、先祖は人に奉仕し感謝されることが多かったようです。その孫であるわたしたちは先祖の徳をいただき、兄弟姉妹仲良く和やかに付き合っています。誠実をモットーにして事業も順調に発展し、おかげで業界ではトップ企業に成長しました。これも先祖が他人に奉仕し感謝された生き方をされ、わたしたちに奉仕の精神を無形の財産として残してくれた賜物であると、日々感謝しながら生活しています。

これは、先祖が他人の怨みを買い、その因縁で子孫に悲運を招いた例です。
ある事業家がなりふり構わず人をだまし、担保物件を強引に取り立て他人の怨みを買い、それでも蓄財につとめ人がうらやむほどの資産を残しました。しかし父親が他界すると、兄弟間に財産争いが起こり、さらに家屋が抵当権により差し押えられ、事故による災難続き等々が重なり、せっかく親が築いた財産はすべて散失してしまう事態に陥ったのです。これも先祖の私利私欲の果てに蓄財したものが、他人の怨みを買い、その因果が子孫に巡ってきたものだと思います。

先祖の徳があり、自らも貢献し徳を積んでいると、大病も治ります。同じ大病でも治るものと治らないものがあります。この分かれ目がご先祖様の徳です。長生きもご先祖様の徳あってのものです。

ご先祖様はいつもわたしたちを見守ってくれています。わたしたちはご先祖様にいつも感謝しなければいけません。感謝することによってわたしたちをよりいっそう守ってくださるのです。

でも、親子で憎しみ合うと、せっかくのご先祖の徳を食いつぶしてしまいます。兄弟間の争いもそうです。親子や兄弟間の争いをご先祖様は最も苦しみます。その苦しみが病気や不運になって現れるのです。そのような例をわたしは何度も見ています。

神仏を敬い、先祖を大切に祀るという、
シンプルなことを実践することが大切。

# 31 ご先祖様の徳

ご先祖様の徳をみごとに生かしている例を紹介しましょう。

## 和泉屋との取引

長崎市の観光化とともに発展した産業にカステラ業界があります。とりわけ、和泉屋は新興勢力として急成長したお店として知られています。

この和泉屋にわたしは長く和泉屋専用の鶏卵を納品しています。わたしが今あるのも和泉屋のおかげです。

和泉屋は観光客をターゲットにした店舗展開で成功しました。大型バスが何台もとめられる駐車場を用意して、観光コースの一つに和泉屋を組み込むように活動したのです。また、日本各地の観光地で、ご当地カステラの販売も始めました。例えば沖縄向けには黒糖のカステラ、宮崎県にはザボン入りのカステラなどです。

もちろん、原料となる卵にも同業他社にはない工夫をしています。和泉屋は志岐先生からの紹介でした。和泉屋の経営者と志岐先生は同じ拓殖大学であると聞いています。和泉屋からの要求は、他社とは異なる、新しい卵を提案してくれということでした。

そこで、わたしがお持ちしたのが「さくら卵」です。さくら卵とは、赤鶏と白鶏が交配してできた加工用に優れたすばらしい卵です。これが高く評価されて、わたしは生産者さんと契約して納入するようになりました。

和泉屋の素晴らしいところは、年に一度「卵供養」をすることです。原料のうち、最大の差別化のポイントとなる「卵」に敬意を払い、卵を使わせていただいていることを供養するわけです。この感謝の気持ちと懺悔の心が、事業を拡大させていると確信しています。

ご先祖様の徳もあります。今の社長兄弟のおじいさん・おばあさんが大変素晴らしい徳を持った方でした。その徳があって、事業に成功しているのです。

徳というものは一世代飛んで反映されます。おじいさん・おばあさんの徳が現れてきます。

現社長も徳を積んでいます。これも大切です。いただいた徳を食いつぶしてはなりません。3・11東日本大震災で和泉屋は一千万円の寄付をしています。カステラも被災地におくるなど、社会貢献をしています。

現在、和泉屋は新しい工場を建設中で二〇一八年夏には完成の予定です。これからも大いに業績を拡大させていくことでしょう。

衛生的で日本一の工場だと確信できる和泉屋とともに仕事ができることに心から感謝しています。

## スーパーマーケット株式会社エレナ

スーパーマーケットエレナは、長崎県佐世保市に本社を構えるスーパーマーケットチェーンです。開業は昭和三十四年、長崎県に四十五店舗、佐賀県に四店舗のお店を展開しています。

かつて、九州に他県から進出してきたけれども、うまくいかずに撤退したり倒産してしまった大型スーパーはいくつもありました。そうした会社はみな、大卒の計数管理が得意な人材を店長に据えて、納入業者の仕入れ値を絞ってその利潤で儲けようとしていました。いわゆる下請いじめです。

ところが、エレナの社長はそのような経営をしませんでした。売り場を経験して現場をよくわかった、たたき上げの人材を店長に登用しています。儲けも業者を叩いて安値で売ろうとはしていません。お客様に購入していただける適切な売価を設定することによる、お客様からの売上で利潤を得ようとしています。そして、その利潤で店舗を増やしてきたのです。お歳暮のシーズンだからといって、業者に割り当てて無理やり買わせるようなことはしません。エレナは、業者をいじめません。地元野菜と鮮魚を優先して地産地消で販売しています。

長崎に進出してきた時も長崎市に寄付をしています。この寄付するビジネスのあり方が素晴らしい。お客、取引先、従業員、地域のどこかひとつを泣かせたり、いじめたりせず、みなと共にあろうとしていますし、そのような思いを実行しています。それは従業員に伝えられてかたちとして現れます。従業員の感謝の心がこもった挨拶は徹底されていて、その原点を大切にする姿勢は見習うべきものが詰まっている会社なのです。

さらに社長の目は、目に見えるものの範囲を超えて、目に見えないものにも注がれています。地域社会への貢献ということを考える人は多いですが、その地域というなかに、そこの土地やかつてその土地に住んでいた方々、先祖、さらに土地の神々までをも含んでいる方は多くはないのです。

わたしは、この店舗への納入をするようになってから十六、七年になりますが、エレナの社長は店舗の土地、建物の供養をし、さらには、昔、付近に井戸があったかどうかを地主から聴き調べをして水神さまの供養もしています。

そうすることで、不幸な亡くなり方をした人々が安心して、上の世界へと旅立てるので、感謝のエネルギーが徳となって返ってくるのです。

エレナもご先祖様の高い徳に助けられています。そして、社長本人も徳を積んでいます。間違いなくこれからも繁栄していくことでしょう。

このように、商売というとともすると価格を下げるだけに目が行きがちですが、そんなことだけで成功はできません。納入業者を泣かせたりしても目に見える場面ではそれでいいような気がするかもしれませんが、目に見えないところでは他人を泣かせればそうした念が思わぬところで伝わって足を取られたりするものです。いっぽう、目には見えなくても、地域に寄付したり、納入業者にも感謝されたり、従業員の明るい笑顔や挨拶などはお客さんに「明るいエネルギー」「プラス波動」となって伝わっていき、こうしたことが運をつくっていくもとになるものなのです。

## 32　日本も徳を積んでいる

お客様を呼ぶのは値段ではありません。「徳」です。店長に徳があると、お客様が集まって来ます。自動車でも住宅でも、営業担当には徳のある人間を当てなければなりません。どのように流暢に説明できても、徳がないと売ることができません。どのように朴訥（ぼくとつ）で話し下手の人間でも、徳があればいい成績をあげることができます。

目に見えない力でビジネスは動いているのです。

エレナの社長は徳があります。店長も徳のある人間が揃っています。こういう会社が二百年三百年と続いていきます。長崎にはそんなお店が多くあります。文明堂もそうです。福砂屋もそうです。

わたしの知り合いで、百年近くも代々商売を続けていたのに、三代目になって商売に行きづまり借金を抱え、先祖伝来の家や土地までも手放して、夜逃げ同然で蒸発してしまった人がいました。

かたや、全国各地に工場を展開する家畜の餌のあるメーカーは、経営に行きづまり負債を抱え倒産寸前の取引会社に対して面倒見がよく、心と心の日本的温情ある支援を行っています。銀行が担保に取ったものは全部取っていってしまうのに対して、この飼料メーカーは先祖代々の家や土地の担保は取らずに、同業者から厚い信頼を得て、発展を遂げています。

「先見の明」というのでしょうか。先の見透しを前もって見抜く見識により、相手側の窮地を救って感謝され、共存共栄による絆を大切に深めています。末永く付き合いできることをモットーとされていますが、その陰には経営者の先祖の徳による目に見えない力が働いているとわたしは思っています。

日本も徳を積んでいます。世界の恵まれない国を援助しています。青年海外協力隊は、ボランティアで若者を海外に派遣しています。開発途上国の工業や農業を支援しています。この徳が日本を成長させます。

一時期米国流の経営がもてはやされたことがあります。業者を厳しく選別する経営でした。過去の貢献度を無視して、少しでも安い業者に簡単に切り替えます。さらに毎年のように値下げを要求します。これではいけません。

日本の古くからある企業は、厳しい時にこそ業者を大切にし、切り捨てることがありません。だから一丸となって不況も堪え忍び、ともに成長できるのです。

## 33 仏壇について

わたしは、人生はつながりの中にあると信じています。今発生している状況には、すべて要因があるのではないかと考えています。

その要因の中で最も重要ではないかと思うのが、ご先祖様です。かなりの部分がご先祖様に依存しています。

このため、ご先祖様の供養を欠かすことはできません。難病も突発的な事故も、ご先祖様に感謝することで好転させることができます。ご先祖様はそれだけの力を持っています。

このため、仏壇の購入をお奨めしています。こういうと、高い壺を買わせる怪しげな宗教家に見えるかもしれませんが、まったく異なります。さほど高価な仏壇でなくてもかまいませんし、どこで購入してもかまいません。

仏壇の前に座って、水を捧げて毎日懺悔するのです。

ただ、分牌をしなければならず、これがちょっと面倒です。これは実家に帰って行わなければなりません。

なお、これらの手続きは仏壇専門店に行けば親切に教えてくれます。全国どこにでもお店はあります。躊躇することなく相談することをお奨めします。

価格にも幅があります。高いのは数百万円もしますが、そこまでは必要ありません。数万円でいいとわたしは思います。

一般に仏壇は、本家か長男の家にあれば良いと考える人が多いようですが、次男、三男であろうと、独立して一家を構えれば、必ず先祖を祀る仏壇が必要なのです。

誰でもご先祖様があってこそ、今の自分がここに存在しているのですから。先祖を敬い、先祖の供養を行い、世のため、人のために奉仕していれば、ご先祖様は感心な子孫を見捨てることはなく、良い方向に導いてくださいます。

また、我欲を捨てて、いつも真直ぐに素直な心であれば、人とも争うこともなく、生霊の邪念を受けることもありません。病気とも無縁です。

夫婦、兄弟、親戚同士の争いごとが長引くと、ご先祖様があの世で苦しみます。早く優れた良心的な能力者に相談してご先祖様の苦しみを悟り、対処することが大切です。そうすればすべて好転します。しかし、争いが続くと、ご先祖様は苦しみ不条理なことが現れます。

わたしは、あの世とこの世の人は一心同体のように感じられます。病気の人のご先祖様はだいたい皆、苦しんでいるようです。

仏壇は、自分の先祖だけを祀ることが良いようです。他家のご先祖様と一緒に祀ることは慎んでください。もし、お母方の先祖も祀らねばならない場合、仏壇を別に設けて、別々に両家の先祖の供養をすることが望まれます。

仏壇のローソクの炎が大きくゆれたりするのは、あの世の先祖の喜びと見受けられます。最後までローソクが燃焼しない時は相手からのけがれがきていると思います。ローソクを二本立てていて左側は女性、右側は男性のけがれと思います。両サイドの火をつけてご先祖様を通してお詫びすると、その日のうちに相手に伝わり邪念が消えてしまうようです。

また、家族の中でゴタゴタ心の葛藤があるとその場合も同じようにローソクが完全に燃焼しないように感じられます。早く気づいて仲直りすることが大切です。この状態が長く続くと、先祖があの世で苦しみ、生きている人も良いことはないように思われます。

新盆になると、仏壇のローソクがなかなか点きません。マッチを何度こすっても火が点かないのです。これは亡くなられたご先祖様が供養してくれと頼んでいるメッセージです。

そこでわたしもしばしば供養を依頼されます。供養すると、すんなり火が点き、その火がうれしそうに揺れ動きます。

線香が燃え切らず、残っていることがあります。これはご先祖様が喜んでいる現れだと思います。

## 34 お墓参りについて

わたしたちはご先祖様から連綿と命とDNAを受け継いで生きています。ご先祖様のおかげがあってこそ今の自分が存在するのです。ですからご先祖様に対して感謝と反省（懺悔）の心をもって、日々手を合わせることがわたしたちの勤めではないでしょうか。

素直な気持ちで正直に、少しでも人のお役に立てるよう心がけて生活していくことに、何よりご先祖様は喜びます。その心がけがご先祖様との目に見えない絆で結ばれ、ご加護をいただけるのではないでしょうか。

お墓には亡骸しかなく霊魂はいないという人がいますが、亡くなった人の霊魂はお墓を依り代（よりしろ）として瞬時に宇宙の彼方から光のように現れるのです。

少なくとも故人の命日、春秋の彼岸、お盆などには、お墓参りをすることをお薦めします。

若い時にはそれほど考えなかったものの、年齢を重ね心のことを学ぶと、ご先祖様あってこその自分であるという、目に見えないつながりがいっそう強く感じられます。いずれ誰でも死を迎える時が来ます。その時、日ごろからご先祖様を大切にしていると、自分が死を迎えた時、ご先祖様が霊界から来て導いてくれるのです。

お墓が遠方にあってお墓参りに行けない人は、仏壇か、あるいは心の中でご先祖様に真心を込めて感謝してお祈りするようお薦めします。

日常の習慣としてご先祖様に感謝と反省の気持ちをもって手を合わせれば、子どもたちは親の背中を見て真直ぐに育ち、自然とその真心が受け継がれていくように思えます。

　これこそが日本人の魂の伝統的精神文化の継承ではないでしょうか。


　もっともこんな事例もあります。

　五十五歳の男性の方ですが、体調が思わしくなかったのに無理してお墓参りに行って、身体が急変して救急車で病院に搬送され、緊急検査で膀臓内出血と診断されました。

　わたしも病院に見舞いに行きヒーリングを施しました。奇跡的に手術をせずに済み、退院できました。

　訊くと、先代も同じ病気で亡くなったそうです。体調が悪いのであれば、お墓参りは慎むのが賢明です。浮かばれていない霊が助けを求めてくる場合が多いからです。

　お墓参りのついでに用足しに行くことも慎んだ方がよいでしょう。時々新聞やテレビでも報じられることがありますが、お墓参りの帰りにどこかに立ち寄り交通事故に遭ってしまった悲惨なケースをよく耳にします。これは本当に多いことです。お墓参りが悪いのではありません。ついでに用を足すのがよくないのです。帰って、塩をまいて自宅に入るべきです。

ご先祖様が、あの世で苦しんでいればこの世の人も幸せになることはできません。わたしが御見舞い、あるいは体調が悪い人と出会えば、必ず夜になるとご先祖様が助けを求めて、わたしを寝かせてくれません。

普通の方は二～三日で去りますが、親戚、あるいは長い取引をしている方のご先祖様は一カ月～二カ月と必死になって助けを求めてきます。わたしの体験では、病気になっている人は、縁ある人が助けを求めてきていると思われます。良心的な能力者に相談して先祖を供養することが大切と思われます。

自分が幸せになるためには自らの努力で自分を磨き成長させ、心も顔も穏やかになるよう努力することが大切です。そして時には、自分が「馬鹿」になることも必要です。いつも自分を低く低くして馬鹿になれる人は周りからいろいろな知恵やいいアイデアなどの協力をしてもらうことができます。常にリーダーは精神的に余力をもってプラス思考を心がけることが大切です。いつも明るい気持ちで取り組まなければいい仕事はできません。暗い気持ちで仕事をやってもうまくいきません。

命をいただいているご先祖様に感謝の心を
朝夕に祈ることが、運をよくする。

## 35　祈りの力は確実に作用する

祈りは大変大きな力を持っています。神を通じて、祈りは現実化します。とても大切なものです。ここでは、祈りが天に通じた事例を紹介します。

### 天草島原の乱の慰霊碑建立

ちょっと前のことになります。平成十一年六月、天草島原の乱で亡くなった八万人あまりの方々の慰霊碑を建立しました。

天草島原の乱では、子どもから大人まで多くの方が亡くなっているにもかかわらず、長い間、誰も供養してくれる人がおらず、霊魂たちがあの世で苦しんでいました。この霊魂を供養するのが目的です。

それからしばらくたってからのことです。慰霊碑建立でお世話になった天草郡苓北町の方々から「森安さんのおかげで、魚がたくさん捕れるようになりました」とのお礼の報告がありました。霊魂を供養することで、海は豊穣となり、魚が集まるようになりました。

救われない死者の霊を供養すればあの世の人も感謝して、わたしたちにも徳をもたらし、それが子孫に代々及んで人生は良い方に向くようです。住んでいる土地を浄化し、供養すれば商売も栄え、その市町村の発展にもつながり、まさに善因善果になります。

## 宮崎県鳥インフルエンザ沈静化への祈り

宮崎県では平成二十三年に入ってから、鳥インフルエンザが猛威を振るいました。数十万羽の殺処分が実施され、自衛隊に災害派遣を要請したほどです。殺された鶏は焼却することなく、穴を掘って埋却します。残された鶏ふんの埋却や農場の消毒も続けられました。

目を覆いたくなるほどの惨劇でした。同じ鶏業者としてじっとしているわけにはいきません。思い立ってわたしは、九州一円から鶏卵関係の問屋を集めて、祈りを捧げることにしました。

祈りの場所は同じ宮崎県の高千穂神社です。天孫降臨の伝承を持つ由緒ある神社です。そこの宮司さんが後藤俊彦氏という方で、神職身分の最高位とされる「特級」を授与されているほどです。

皆で宮崎県の鳥インフルエンザが早く沈静化することをお祈りしました。この時、長崎市から能力者も同行しています。

「神様が答えてくれました。宮崎の鳥インフルエンザはまもなく鎮まるそうです」と語ります。一堂、安心しました。この言葉どおり、春ごろから沈静化に向かいました。

この年の一月には霧島山・新燃岳が噴火し、大変心配されました。これの沈静化も併せて祈っています。

これから何度も、高千穂神社と宮司の後藤俊彦氏にはお世話になることになります。

## 宮崎県高千穂への慰霊

３・11東日本大震災から一年ほどたったころの話です。

「大震災であれほどの被害を出しているのに、政府の人は誰もお詫びをしないねえ」

と、わたしたちは仲間内で話し合いました。そして
「あんなに放射能をまき散らしているのにどういうことなんだろう」

「それなら自分たちでお詫びへいきましょう」ということになりました。

場所は昨年も訪れた高千穂神社にしました。宮司である後藤氏の霊能力に信服していました。

連絡すると、それは大変いいことですから、ぜひおいでくださいとのことでした。

長崎で著名な能力者の方にもご同道いただき、車で高千穂に向かいました。

美しい朝日を拝むことができました。高千穂が聖地であることを実感できました。

そこで、放射能の垂れ流しを皆でお詫びしました。

## 房総半島への慰霊

同じ大震災のお詫びの旅です。今度は千葉県房総半島の海まで足を延ばしました。事故を起こした福島の原発は、放射能を垂れ流し、それが房総半島の海まで届き、大きな被害になっていると聞いています。これも誰一人お詫びにも行かない。そこで、自分たちで慰霊に行こうとしたわけです。

知り合いからアドバイスを受け、聖水と石を持っていきました。

砂を集めて小山をつくって、その水と石を撒きました。祈りの途中で大きな波が来て、その小山を崩し、小石を海中へ引き入れていきました。

わたしたちの祈りが神様に通じたと思いました。

## ハウステンボスの浄化

ハウステンボスの開業は一九九二年三月のことになりますが、評判になったものの経営に苦しみました。会社更生法の適用も申請しているほどです。

地元の人にいわせると、ハウステンボスの場所は気が悪いのです。古戦場で多くの人が亡くなっていますし、遊郭の時代もありました。大戦時は大陸から膨大な数の死者を運んできており、その辺に埋めてしまったと噂されています。

かといって長崎県にとっては無視することができませんし、わたしも一業者として鶏卵を納品していました。ハウステンボスの成功は、長崎県にとっても悲願だったのです。

ここに新たな経営者として、平成二十二年四月からはエイチ・アイ・エス（H.I.S.）の澤田秀雄氏を迎えることになりました。

わたしたちもハウステンボスの地を浄化することを思い立ち、群馬県から高名な能力者もお呼びし、お祈りを捧げました。土地はもちろん、ホテルの浄化も行いました。

このお祈りの途中、上空を数十羽のカラスが飛んでいきました。お祈りは天に通じているなと確信しました。

その後、ハウステンボスは鮮やかに復活しました。

同じようにわたしたちは国会議事堂も供養しています。国会議事堂は国政の中枢です。日本国をかじ取りし、繁栄を左右するのが国会です。最も神聖であるべきです。

わたしたちは、国会議事堂を供養し、日本国の末永い繁栄を祈りました。

## 諫早湾（いさはやわん）の浄化

世界的に有名な予言者にブラジルのジュセリーノ氏がいます。東京地下鉄サリン事件や阪神・淡路大震災など数々の予言を的中させて注目されました。

その方が日本を訪れ、長崎で講演をされた際、わたしは諫早湾の質問をしました。

「宝の海」といわれた有明海が水質汚染を生じて「死の海」と化し、魚貝類が死滅しているのです。とりわけ、この年は多くの死んだ魚が白い腹をみせて、浮かんでいます。

氏の返事はこういうものでした。

「海を埋めた時の土地が悪い」というのです。

どうやら使った土の中に古い人家や墓地が混じっていたようです。ため息が出るような話です。

そこで、わたしは仲間と誘い、本明川の水神様、有明海の神様へのお詫びと、埋め立てた土地のお清めや霊の供養を行ってきました。

その日の夕方、なぜか家に帰ると急に強い眠気に襲われ、とてもよく眠ることができました。同行した仲間に後で聞くと、やはり同じようにとても強い眠気に襲われたそうです。

その後、諫早湾の魚が死んで浮かび上がったという話は聞いていません。あの世の霊たちの、「あなたたちが供養してくれたおかげで安らかな眠りにつけた」という感謝の心の現れが自分たちをよく眠らせたのではないかと、自画自賛して受けとめています。

人間の身体もいっしょで血液の循環が悪くなると病気になり、血液の流れが一時なりと止まれば死に至ります。自然界でも川や海の流れを阻害したり、止めたりすることによって生態系へ甚大な被害を及ぼすのです。諫早湾からはそんな警告を感じました。

わたしは長崎に生まれ、今も長崎で暮らしています。将来を担う子孫たちに何を残すべきかを考える時に、金銭や土地、建物といった私的財産ではなく、豊かな心をはぐくむ素晴らしい自然や先祖が培ってきた郷土の文化ではないかと思います。

諫早湾は遠浅で魚介類や微生物などが豊富で、水質浄化作用の役割を持ち、そこに餌を求めて多くの野鳥たちが飛来する郷土の誇りの地でした。

ところが、ごう慢な人間たちにより、高度成長期に「食糧難対策」という名目で当時1300億円を投じて諫早湾干拓事業が行われました。一転、国は減反政策に、次は「防災」という目的に変更し工事を継続。現時点での費用は2500億円という巨費に修正されました。

水門を閉じると湾内への海水の流入が止まります。そこに生息している生物が死滅し、生態系のみならず自然環境が破壊されることは子どもたちですら理解できます。

子孫のために「山」「川」「海」の水の流れをとり戻し、豊かな自然を復活させることが必要だと思います。

善い心をあなたが抱き、これを目に見えない存在に向けて祈ることは、絶大なパワーとして、確実に作用している。そして、自分を超えて、社会全体のことを祈ることは、目には見えないが、あなた自身の運をも向上させる。

## 36　あなたを導いてくれる目に見えない力、インスピレーション

目に見えない存在に感謝をしていると、困った時にどこからくるのかはわかりませんが、ひらめき、インスピレーションというかたちで、ヒントがもらえる時がありま す。これは、困っているから、自分の願いの念が、神さまや仏さまやご先祖さまに伝わったのが、ヒントとして返されてくるのだと思っています。生きていく中では無理やりにでも、方向を右か左かに決めなければならない時がありますが、そして、それがとても影響が大きい決断の時があります。そんな時に自分の頭でももちろん考えはするのですが、どうしても迷って分からない時に、ふっとヒントがもたらされる瞬間があります。とても助かることがありますが、わたしは勝手に「見えない力」として返ってくると解釈しているのです。後になると、たいがい、それが正しい決断だったことがわかるのですが、このヒントの価値は計り知れないものがあります。

今のような先の見通しのきかない時代には、こうしたヒントには、よけいに助けら

れるものと思います。
これは、この本のテーマである運そのものともいえるでしょう。

■発展する会社の社長は「ひらめき」型のアイデアマン

長崎の名物といえばカステラですが、今では老舗をしのぐ勢いの和泉屋の井上確社長はひらめきの優れた持ち主です。カステラの新商品を次々とつくり、空港の売店やお土産店で順調に売り上げを伸ばし、今や日本一の工場を建てて、海外にまで進出するほどです。それでいて、人のアドバイスを素直に受け入れる度量の大きい社長ですが、インスピレーションという見えない声を受け取ることもできる人物です。商品のほかにも、さまざまな面でアイデアをどんどん出しています。こうしたアイデアが泉のようにわいてくる社長の会社は発展していくでしょう。

また、テレビショッピングでお馴染みのジャパネットたかたの創業者で有名な高田明氏も「ひらめき」のアイデアマンであることで知られています。数々の新機軸を打ち出して、いまの繁栄を築きました。

かと思うと、氏はこれまでの事業をスパッと息子さんにバトンタッチして、自分は故郷の長崎県諫早市にある倒産寸前のサッカークラブ「V・ファーレン長崎」を引き受けて、立て直しに挑戦しました。

そこでも、持ち前のファイトと新しい試みを次々と打ち出していきました。社内の働き方改革に取り組み、社長自ら率先して雑用も行い〝社員の笑顔をモットー〟に、社員が満足する働き甲斐のある職場に変身させました。サポーターを大切にして、選手との交流を盛んにし、列車まで増便させ、駐車場も拡大して長崎県全体のサッカーのホームタウンとして、ファンが喜んで応援できる環境づくりを行いました。その成果が実り、チームは見事にJ1に昇格をはたし、経営改革を成し遂げたのです。

このように、わたしの地元の長崎県の社長さんたちの成功だけをみても、やはり、ひらめき、インスピレーションがどんどんわいてくる社長は発展していかれることがわかります。課題に際しても、あるいは何かの問題が起きたとしても、インスピレーションによって、それを切り抜けていくことができるのでしょう。このインスピレーションがわいてくるようになるには、どうすればいいでしょうか。

■インスピレーションとは？

『インスピレーションとは、啓示、霊感ともいいます。予想もなく、努力もなく、突然になんらかの解決が外から、ときには超自然的に与えられる場合の主観的体験。創造的思考や宗教体験にみられる現象。』（ブリタニカ国際大百科事典）とあります。要するに、人間の五感を超えてもたらされる啓示ということです。

芸術家や科学者などがよくインスピレーションのおかげといいますが、われわれ全ての人に元来、備わっているものですが、わたしは、神さまや仏さまからの霊示ではないかと思っています。

・夢中で仕事しているときに、ふっと良いアイデアがひらめき、それを商品にした
・夢見が悪く飛行機に乗るつもりだったが、列車に変えたら、乗るはずの飛行機が事故を起こしてしまった

・お金の儲かるうまい話であったが、一瞬嫌な予感を覚えたのできっぱり断った。詐欺に遭わずに済んだ
・旅先で出会った人だが、なぜか初対面でピーンと心に響き、「この人とはなぜか縁を感じる」と思い、やがて二人はゴールインした

このほかにも、ビジネスをやっている上でもビジネス以外でも人生のさまざまな折に、インスピレーションに助けられる場面があろうかと思います。わたしも、いくども、インスピレーションに助けられました。

どういう状態のときに、インスピレーションを受けやすいかというと、これはさまざまだろうと思います。

○瞑想、精神統一、座禅やヨーガなど、雑念をはらって、心を一点に集中するとき。
○自然の中を散歩しているとき、樹木などから発散するフィトンチッドの香りが森林浴となり心身が癒されてくると、心が安らいできて、インスピレーションの感受性

が高まるのを感じます。

○早朝、日の出とともに、家の近くの小高い山に登って、朝日に向かって合掌していると、神秘的な力が蘇ってきて、感覚が澄んでくる感覚になります。

○神仏に礼拝していると、神社仏閣の場所のもっている、人を癒すエネルギーや天地を結ぶ気を感じ、心がすがすがしく感じられ、いつもとは違うヒントが舞い降りてくることがあります。

また、仏壇に手を合わせている時に、煙がすう～っとまっすぐにたち昇る時とそうでない時があって、わたしはご先祖様のメッセージではないかと思っています。

○睡眠中や明け方の夢見のとき

日本人で初めてノーベル賞を授賞した湯川秀樹博士は、夢からのメッセージを忘れないために、いつも枕元にメモと鉛筆を置いて就寝していたそうです。ある明け方、夢見からのインスピレーションを得て、中間子理論のヒントを得たそうです。

また、よく睡眠中に誰かが夢枕に立ったとか、夢で見た通りのことが現実になったという話もよく聞きます。

○音楽を聴いているときは、脳波はリラックス状態のアルファ波となるため、ひらめきを得やすくなるようです。
読経やミサなどの宗教的儀式の音も、インスピレーションを受けやすくなります。
○無心のときにも浮かぶようで、「昴（すばる）」を歌う谷村新司は、引っ越しの荷作りをしていた最中にふっと、「昴」の歌詞が浮かんだといいます。作詞した本人にも「昴」の歌詞の意味がわからなかったといいます。

このように、さまざまな時に、たしかにふっと浮かんでくることがあるのは、みなさんも経験があるのではないでしょうか？

自分が頭で考えたのではないかたちで、ピーンと響くものがあったり、心にふっと浮かんでくるようなものがあったら、良いことにしろ、悪いことにしろ、素直にそれに従うと良いようです。

静かな心でいるときに、ピーンときた
感覚、ふっと浮かんだヒントに素直に
従うことが、運をあげる。

## 37「スピリチュアル療法」後進国の日本

本章の最後として、わたしが長く提唱してきた、日本の健康保険制度の改訂について訴えたいと思います。

すでに世界保健機構（ＷＨＯ）の条文では「スピリチュアル」という文言が使われています。欧米では、西洋医学と伝統的な代替医療が病院でも受けられ、健康保険さえ適用されているのです。なぜ、これが日本では実現できないのでしょうか。

欧米の病院では西洋医学と相まって代替医療の中にヒーリングなどのスピリチュアル療法を取り入れ、国家的に認められています。ところがわが国では、科学と相容れない霊的療法を論外とする傾向があります。

しかし原因不明で治療法もなく苦しんでいる患者にとっては、わらをもつかむ気持ちで霊能者巡りをしているケースも多く見かけます。それどころか、霊感商法やら悪徳祈祷師により踊され、病気の回復はおろか死に至る事件も後を絶ちません。

霊的なものの関与は生霊、死霊の憑依、土地家屋の影響やカルマ、先祖の因縁などの影響を受けると考えられます。生霊のような邪念のマイナスエネルギーは、相手の心身に悪影響を及ぼしますが、反面、宇宙の生命エネルギーや霊的治療者のプラスエネルギーは病気を治癒するとして、欧米では国家が認めたヒーラー養成スクールさえあります。

日本の医療費や介護費そして健康保険料等が年々増大し、今や医療費だけで年間四〇兆円を超え、国家財政を圧迫しつつあり、大きな社会的問題になっています。先端医療の実用化と相まって「サイ・エネルギー医療」へ向けた研究と医療改革は大きな課題ではないでしょうか。

最先端の医療技術を誇るアメリカでは、針灸、按摩、指圧、アロマテラピー、エネルギー・ワーク等の代替医療の治療法が注目され、また国立大学では、代替医療を勉学する者に対して西洋医学と同等の高い医学的レベルの育成を実施しています。

わたしは心と病気との因果関係の研究を行ってきましたが、不定愁訴とよばれる体調不良や肩こり、頭痛、神経症などの身体的痛みが心の葛藤や人間関係からなるストレスや生霊が原因であることがわかってきました。
これまでに数多くの方々をボランティアでヒーリングを施してきましたが、現代医学で改善されない心身の苦痛などには特に大きな効果があり、多くの相談者から喜ばれています。

今こそ物質的豊かさから精神的豊かさの時代へとシフトすべき変革の時代です。人々が正しい心のあり方を勉強し、スピリチュアルなものに気づくことになれば、殺伐とした世の中から心の温かい社会が蘇り、人々も幸せな安全な暮らしとなり、無病息災、ひいては美しい国づくりになると、わたしは確信しています。

わが国の医療を考える場合、病気の予防、医療費節減からも西洋医学一辺倒ではなく、「医学のための医療」ではなく、「患者のための医療」へと改革されるよう提言いたします。

遅れているのは健康保険制度だけではありません。日本は能力者の教育にも無関心です。英国にはSAGB英国スピリチュアリスト協会があり、一五〇年ほどの歴史があります。アーサーフィンドレー・カレッジとカレッジ・オブ・サイキックスタディーズも有名です。

日本にはこのような育成機関がありません。

どのように科学が進歩し、医療が発達しても、数パーセントは原因不明の力に左右されます。わたしは科学も医療も否定しません。しかし、祈りの力やご先祖様の徳など、目に見えない力も信じています。人々の幸せや繁栄のためには見えない力が不可欠だと思います。

# 第6章

# 「運をつくる仕事術」はなぜ生まれたか？

（この章のはじめに）

さて、ここからは、なぜわたし自身がこうした運について、心について学ぶようになったか、そのきっかけを少し説明することにしましょう。それは、ある師匠というべき人との出会いにさかのぼるのです。あなたにとっても、いままで学んできたことの背景を知ることによって、より深く理解できるようになることと思います。

## 38　わたしの生い立ち

わたしは昭和十六年に長崎市で生まれています。西暦では一九四一年、第二次世界大戦の勃発した年です。

父親が長崎の造船工場に勤めておりました。その長男です。

まもなく、戦争が激しくなり、父親は長崎を離れ、野母半島に疎開します。父親の実家が野母半島の山の上にあり、そこで細々と農業や林業に携わることになりました。このため、わたしも長崎市での記憶はほとんどありません。

長崎は日本を代表する軍事都市であり、米軍から攻撃の目標とされていました。それが、あの原子爆弾の投下につながります。父親の判断は正しかったと思います。

それにしてもひどい田舎でした。小学校まで四キロ、中学校まで六キロありました。山の上にある実家からは、有名な長崎の軍艦島が見えました。

疎開して命を長らえたものの、食っていくのは容易ではありません。痩せた狭い田や畑があるだけで、食べていくのが精一杯でした。出稼ぎもしましたし、炭焼きもしました。農地の少ない野母半島では炭焼きは重要な仕事の一つでした。

かわいそうなのは母親です。長崎の大手造船所の会社員だからと嫁いできたのに、いきなり農作業を強いられました。慣れない重労働が母親の寿命を縮めることになります。母親は雲仙半島の町出身のお嬢さんで、実家は酒造りや畜産、林業などを手広く営んでいました。

わたしも家業を手伝いました。農繁期には農作業もやりましたし、妹や弟をあやしていました。炭焼きも手伝ったものです。生木を土釜に詰め込んで焼いて、一週間して冷えてから取り出します。炭の取り出し作業をすると、鼻の穴が真っ黒になりました。

鶏の世話もわたしの仕事でした。家では二〇羽ほどの鶏を飼っており、その卵を拾ったり、餌をあげていました。

「こん子は鶏に好かれとる」

と、母親に言われたことを覚えています。このころは、鶏卵を仕事に選ぶとは思ってもいませんでした。

「花芝」の記憶も鮮明に残っています。小学生や中学生の子どもたちが山に入り、木や花を切って束にして、地域の家々に配ります。それが仏壇やお墓用の花となるのです。三把で拾円だったでしょうか。子どもたちの貴重な小遣いとなりました。

地域では作業を協力し分担していました。子どもたちも屋根の皮ぶきを手伝ったものです。杉の皮を一生懸命になってみんなでむきました。

食べ物も分け合っていました。もののない貧乏な時代でしたが、地域の「和」がありました。今の時代は何でもありますが、かつての「和」を失っています。

あの時代は、競争もなければ、駆け引きも、仕事の恨み・妬みもありませんでした。ただ、助け合いと和がありました。農家が一番いい、今でもわたしは、しみじみと振り返ることがあります。

## 39 鶏卵との出会い

中学校を出て、わたしは長崎市内の経理学校へ入りました。九州経理専門学校です。実家から通える距離ではなく、学校の寮に入り、学費は母親の実家からの援助でした。

九州じゅうから学生が集まっていました。わたしのように中学を出てきたものもいましたし、高校や大学を出てから入学してくる学生もいました。

ここで一年間勉強して卒業し、天草の製材所に勤めることになりました。これも母親の実家の次男が経営している会社でした。天草のあたりは林業が盛んなところで、九州全域に木材を出荷しており、わたしの勤めた製材所はなかでも指折りの企業でした。植林から伐採、製材、運送、納品まで幅広くやっていました。

経理担当として入社したのですが、現場を覚えなければなりません。新卒ということもあって、何でもやらされました。現場で製材の仕事も手伝わされ、ノコギリに手を引っかけて大けがをしたこともあります。

この製材所へ入社後、二年がたってわたしが十七歳になった時です。母親が亡くなってしまいました。

お嬢さんなのに、無理に無理を重ねてきた身体でした。満足な医療も受けることができなかったかもしれません。

父親が帰って来いといいます。働き手が欲しかったのでしょう、父親一人で農作業から炭焼きまでこなすことは困難でした。わたしは長男でしたし、拒むことはできませんでした。

帰る際に母親の実家から一万円をもらいました。

「これで鶏ば飼え」

と言います。わたしの鶏好きを知っているようです。わたしがいるだけで鶏が寄ってくると、親戚中で話題になっていたのでしょう。その鶏でも飼って、卵を売り、生計のたしにしなさいということでした。

「こん子は鶏に好かれとる」

と言った母親の笑顔を思い出しました。

この一万円を原資に鶏の中雛を四十羽買いました。生後四週から十週ぐらいまでの雛です。これぐらいになると温度管理が不要になり、育てやすくなっています。

## 40 行商に軍艦島へ

四十羽は増え、またたく間に四百羽になってしまいました。鶏小屋も試行錯誤してつくりました。丈夫なものでないと、鶏が逃げたり、イタチが入り込んでしまいます。

ここまでになると、とても卵を自分のうちだけで食べるのは無理です。隣近所にあげても限界があります。どの農家でも鶏を飼っていました。

その時、目に入ったのが軍艦島でした。夜中でも洋上にキラキラと光って、その灯火が消えることがありません。

軍艦島は海底炭鉱によって栄えた島で、わずかな島の敷地に五千人以上が住み、世界一の人口密度といわれていました。陸地には住宅地や店舗、学校、病院などが密集しており、遠目には島全体が船に見えることから軍艦島といわれています。平成二十七（二〇一五）年には世界遺産にも登録されたことから、覚えている人も多いでしょう。

戦後から二十年ほどは、復興と近代化で軍艦島は活気に満ちていました。わたしが鶏卵のビジネスを手掛けたころ、軍艦島はその絶頂期でした。

軍艦島がわたしの家からも見え、野母半島の高浜港から毎朝定期船が出ていました。その定期船には野菜などの行商人が数多く乗っていました。

行商人の一人にわたしの親戚がいました。

早朝に高浜港から軍艦島へ定期便で渡り、島の市場で店を開きます。昼ごろには売り切って、また定期便に乗って島を出ます。卵の売り先を考えている時に、軍艦島を見つけ、その親戚にお願いに行きました。一緒に連れて行ってもらえないかと。

「かんまんばい」

親戚から了承をいただきました。

高浜港まで鶏卵を運び、自分も船に乗って島へ渡ります。

親戚の店の軒端を借りて卵を売りました。

何しろ巨大な都市です。住んでいる人も皆高給取りです。卵は肉体労働者の滋養供給にいいと、飛ぶように売れました。

これでは、卵が足りません。わたしは、半島に帰ると自分の卵だけではなく、隣近所をまわって卵を集めました。もちろん、自分の鶏の数も増やしていきました。

バイクで仕入れてバイクで港まで運びます。一箱に百八十個入っていて、これが六～七箱あったでしょうか。卵が割れないよう、このころは籾殻で保護していました。

やがて、親戚の店先ではなく、自分で店を持つこともできるようになりました。これでどうにか鶏卵も落ち着いた商売になりました。細々とした土仕事ではなく、森安家の家業としても確立されていきました。

## 41　長崎への進出

長崎市内には養鶏組合があります。そこから鶏の餌を仕入れていましたが、商売用の鶏卵も足りなくなってきたことから、鶏卵も仕入れるようになりました。軍艦島で卵を売っていたのですが、自宅の生産量ではとても足りなくなりましたし、隣近所から集めても限界があります。そこで、養鶏組合から卵も仕入れるようになったわけです。

わたしは二十代になっていました。仕事が面白くてしょうがないころです。

ここの組合長からは大変かわいがられました。

その方の紹介もあって、長崎市内の小売りや工場にも卵を卸す、問屋業も始めるようになりました。

ちょうどいいタイミングだったかもしれません。石油が海外から輸入されるようになり、日本の石炭需要はすでにピークを過ぎていました。軍艦島の活気もかつてのようではありません。

これに引き替え、長崎市は都市として発展していました。ビジネス街としても観光都市としても長崎の将来は明るく感じました。これから商売をするなら長崎に違いないと判断しました。日本も高度経済成長の真っただ中でした。

この判断に間違いはありませんでした。わたしは大量に卵を仕入れ、大量に販売するようになりました。とても自家生産の規模を超えており、養鶏からは撤退し、問屋にビジネスの基軸を移すことにしました。

昭和三十年代半ばから後半。まだ、スーパーもない時代でした。地場の食料品店や飲食店、加工工場を一軒一軒まわって、卵を配達しました。

養鶏組合からは優先的に卵を回してもらい、長崎市内でビジネスを順調に始めることができました。

## 42　ビジネスの拡大

鶏卵の商売には駆け引きもありました。鶏卵には相場があって、これを読んで利益を大きくするのです。このセンスがあるとないとでは、儲けに大きな差が出たものです。

鶏卵は月水金、週三日の相場が立ちます。例えば週末の金曜日の相場終了後、週明けの月曜日には相場が上がると踏むと、大量に仕入れて高値で売りさばきます。逆に相場が下がると読むと、在庫を減らして安値での取引を控えます。

この読みがわたしは正確でしたし、面白いものでした。

相場の読みは、天候はもちろん、会社員の給料日やボーナスによっても動きますし、漁獲高の影響も受けます。魚が大量にとれると卵は安くなり、不漁だと卵が高くなります。このほか、新聞などを見て、経済環境と卵の価格の相関関係も研究したものでした。

直感も優れていたような気がします。母親の実家が手広く商売をやっており、その血統がわたしにも流れていたのかもしれません。

商売上、メインバンクが必要になり、取引を開始したのが十八銀行です。長崎市銅座町に本店を置く、長崎市最大の地方銀行であり、歴史ある有名な銀行です。盤石なバックボーンも得て、わたしの商売は順調に拡大していきました。

営業部門は置いていませんでしたが、養鶏組合や銀行筋などから、多くのお客様を紹介していただき、人脈を充実させることができました。

やはりビジネスは人と人とのつながりです。

長崎への進出当初は、ほとんど一人でしたが、やがて弟が手伝ってくれました。従業員も一人二人と増やすことができるようになりました。倉庫を買ったり、配達用トラックや駐車場も整備しました。

余談になりますが、この弟は東京で「肉匠もりやす」というミートショップのチェーン展開で成功しております。池袋西武店デパートでは行列のできる店として、テレビでも紹介されました。

卸だけでしたが、直営店も長崎市内に出すことができました。これも紹介する人があってのことです。チェーン展開して、長崎市内ではトップクラスの規模のお店にすることができました。

多い時で五軒ほどあったでしょうか。まだスーパーもなく、お客様にとても喜ばれました。卵はもちろん生鮮食品も幅広く取り扱っていました。社員のほかに、パートなど多くの従業員を雇うことになりました。

ビジネスの重要な相棒となる妻を初めて見たのも、買い取った直営店でした。これはなかなかよく働く娘がいるなと興味を持ちました。二十六歳の時です。見初めて結婚し、二人で商売を大きくしてきました。働き者で、商売上手で度胸もある頼もしい相棒でした。

貧乏でしたが元気です。朝早く起きて夜遅くまで、ずいぶん忙しく働きました。四時には起きて、配達してまわったものです。

## 43 仕事に打ち込んだ三十代

長崎市内や長崎県内のみならず、大消費地の東京にまで販路を広げました。

しかし、一年を通じて需要が一定ではありません。秋から冬は卵も保存がききますから、需要も安定しています。しかし、卵は生ものです。五月から七月は、傷みやすく長く在庫できません。連休明けから在庫がだぶついてきて、早く売りさばかなければなりませんでした。

そこで、この蒸し暑い季節はマヨネーズ工場に卵を納品しました。佐賀にキユーピーマヨネーズの大きな工場があり、大量に卵を購入してくれました。四トン車の荷台にめいっぱい卵を積んで、島原半島を走らせたものです。

長崎市は繁栄し、人口も増えていきました。その波に乗って、三十代のころのわたしは、鶏卵販売に打ち込みました。

それでも営業担当は置きませんでした。必要がないのです。日々の配達だけで十分です。十分な品質をリーズナブルな価格でお届けできれば、お客様は満足です。他の業者に乗り換えることはありません。

新規のお客様はもちろんありますが、ほとんどが紹介です。知り合いの人が新しい店舗を紹介してくれ、待っていてもお客様が増えていくのです。地域の方が次々にお客様を紹介してくれます。本当にありがたいことだと思います。

なかには鶏卵を卸していた業者が廃業することもあります。そうすると、組合を通じて紹介があったり、直接そのお店からわたしまで問い合わせがあったりします。「果報は寝て待つ」などと感じたものです。

このような感じでしたから、お客様を探そう、新規市場を獲得しようと、駆け回る必要はほとんどありませんでした。

資金繰りに困ることはありました。しかし、そういう時に限って期待していなかった売上があったり、思わぬ入金があったりして、切り抜けることができました。目に見えない力が働いてくれたのです。

今から思えば、ご先祖様の徳であると心から感謝しております。大きな病気にも事故にも遭いませんでした。小さな事故はありましたが、大事には至りませんでした。

一九七〇年代、日本列島改造で価格が高騰し、二度のオイルショックも重なって狂乱物価といわれるようになりました。安定した商売の難しい時期でした。

## 44 身体の不調を疑問に感じたころ

知っている鶏卵業者の全てがこうではありません。なかには、狭い市場で「取った取られた」の駆け引きを繰り返している人もいました。

そんな人が意欲にあふれ、元気満々かというと、決してそうではありません。いつも腰が痛い、風邪をひいたと弱音を吐いています。変なものだと思っていました。商売敵に恨まれているのではないかと思いました。なかには病気になって引退する人や命まで落とす人がいました。どうしてだろうと漠然と疑問に思いました。まだ目に見えない世界を信じる前のことです。

こういうわたしも節々に痛みが走ったり、夜に眠れなくなったりすることがあります。商売上の敵はほとんどいないはずなのですが、なぜか身体に痛みが走ります。元気が取り柄の自分だと思っていました。いくらでも仕事ができる、健康な身体に恵まれていると思っていました。

それでも、もしかすれば仕事のしすぎかもしれない、過労かもと気にはなりました。しかし、ちょっと休んでもすぐに疲れや痛みがぶり返します。もう若くもないのかな。そんなことも考えました。

ただ、商売上の敵や攻撃相手はいませんでしたが、お客様の意思でこちらに乗り換えてくることがあります。また、新規出店のお客様で、各社比較調査の末、わたしの店に決まることもあります。わたしが何をしたというわけではありませんが、これだけでビジネスの世界は妬まれます。直営店で安く売れば売ったで、やはり妬まれます。いかんともしようがありません。これがいやなら務まらんと考えていました。

このような事例をいくつか眺め、因果応報を感じました。しかし、何か目に見えない別の世界までは、このころは感じることはありませんでした。

## 45　志岐先生との出会い

わたしに偉大な影響を与えた方に志岐先生がいます。志木誠哉氏、偉大な霊能力者であり、思想家です。

志岐先生と初めてお会いしたのは四十歳の時です。

わたしがかつて勤めていた天草の製材所の社長夫人を連れて行ったのです。母親方の親戚でしたから、付き合いはありました。

夫人は重いパーキンソン病で、医師からはさじを投げられていました。その治癒を志岐先生にお願いしようとしたのです。

志岐先生という霊能力者の名前は早くから耳にはしていました。無料で病気を治癒してくれるというのです。名前を知ってはいましたが、さほど興味は持っていませんでした。仕事が忙しいことがありましたし、信心もそれほど強くはありませんでした。金儲けにばかり走り、目に見えない世界を考える余裕もありませんでした。

あのころ、どの町や村にも霊能力者がいました。病気を癒したり、占いをしたりしていたものです。医者がかかる前に霊能力者にかかる方や、その逆も多くありました。子どもの夜泣きなどを専門にする霊能力者や口寄せするイタコもいました。

ちょうどこのころ宜保愛子さんが頻繁にテレビに出るようになって、ちょっとしたスピリチュアルブームになっていました。

志岐先生を遠目でお見かけしたことはあります。日本卵業協会総会が長崎のホテルで開催され、その会場で、先生ただ一人だけが光り輝いていた記憶があります。これもあって、このホテルの支配人から志岐先生を紹介いただいて、夫人をともなって訪れることになったのです。

志岐先生は長崎市内の自宅で相談者に対応します。自宅は布団屋さんでした。けっこう大きな布団屋さんで、従業員も多く使っていました。長崎市内でもトップクラスでしょう。その総指揮を志岐先生がやっているわけです。

顔のふっくらしたえびす顔で、商売も繁盛していました。このころ志岐先生は五〇代だったでしょうか。

## 46 祈りで痛みを排除

相談者への対応はだいたい決まっています。相談内容を聞いて、祈ります。ほぼこれだけです。ご先祖様に原因を尋ね、その原因を解消するよう、祈ります。お腹が痛いといって、お腹をさするわけではありません。腰が痛いからといって腰をマッサージするわけではありません。ただ、祈るだけです。

親戚の社長夫人を連れて行って、悩みの内容を相談すると、すぐにその場で祈りを始めました。パーキンソン病がいきなり治癒するわけではありません。ただ、夫人は身体の動きが楽になったとしみじみといいました。この後も数回訪れることになり、夫人の症状は大変軽くなりました。

これにはそばで見ていたわたしも驚きました。

「ついでで申し訳なかが……」

と、わたしの腰の痛みを取っていただけないかと相談しました。

「よろしか」

と、先生は微笑んで、また祈り始めました。

驚きました。腰の痛みが瞬時になくなるのです。

「こげん世界があるったい……」

この衝撃が、わたしの人生を大きく変えました。今まで知らなかった世界がここにあるのです。


その後、夫人は何度か志岐先生を訪ねられ、一年ほどで症状がずいぶんと軽くなりました。

わたしも興味やもの珍しさもあって、痛みを持っている知り合い何人かを紹介し、大変喜ばれました。同業者もいますし、地元の経済界の方もいます。県外の遠方の方もいましたが、志岐先生は電話でも対応していました。

## 47 心臓病を癒す

こんなことがありました。

五十代の女性が志岐先生を訪れました。重い心臓病を軽減して欲しいというお願いでした。

長崎には大学病院をはじめ、大きな病院がいくつかあります。なかでも女性のかかっていたのは心臓病専門の大変有名な先生でした。そんな権威ある先生に、女性は見捨てられてしまったのです。

福岡の病院へ行こうか、大阪か京都かと、女性は家族と相談しました。しかし、長崎でさじを投げられて、東京で治せるとはとても思えません。

こんな時に志岐先生の噂を聞き、わらにもすがる思いで相談しに来たのです。

重い病人ですが、志岐先生の対応が変わることはありません。話を聞いてお祈りを捧げます。
驚いたことに、この一回で症状がずいぶんと軽くなってしまいました。連れ添ってきた家族も驚きました。さらに恐るおそる
「おいくらでしょうか」
と訪ねると
「お金はいりません。わたしの心霊相談は無料です」
と答えます。これに家族はさらに驚きました。
本当にただでは申し訳ないから、ずいぶん高価な蒲団一式を注文したそうです。

その後何回か訪れたのでしょうが、この辺は詳しく知りません。とにかく、普通の生活を送れるまでに回復したようです。

興味深いのはその後の話です。

権威ある医者の先生は患者のレントゲンを見て不審に感じました。病気の症状がなくなっているのです。こんなことがあるはずがありません。どのような高価な薬でもどんな優れた外科医でも取り除くことができない症状でした。それがほとんど消えて

います。

まさに奇蹟です。

「何かされましたか？」

と患者に尋ねると

「志岐先生に施術してもらいました」

「志岐先生とは、どこの病院ですか」

「病院ではありません。布団屋さんです」

「布団屋さん？」

とうてい信じられるわけがありません。

しかし、症状がなくなり、患者が元気になっているのは事実です。

探究心旺盛なその有名医師は、何と志岐先生を訪ねてきたのです。

志岐先生に根掘り葉掘り聞いて帰ったそうです。優秀な先生だけあって、きちんと納得して帰ったとのことです。否定するようなことはまったく言わなかったそうです。

医師の中には魂や神の存在を信じている人が多くいます。この有名医師もそんな先生の一人だったのでしょう。

## 48　人間関係を重視

志岐先生にかかると、痛みが瞬時になくなります。

しかし、先生の真髄はこのような霊能力ではなく、思想にありました。

志岐先生は人間関係を重視されていました。

確かに志岐先生にかかれば痛みはなくなりますが、何日かすると再発します。それは心の持ち方を誤っているからです。


痛みは、自分の心に起因しています。相手を恨んだり妬んだりすると、それが自分の身体の痛みとして現れます。

「そういう時は相手を許すことです」

と、志岐先生は言われます。相手を許す心を持つことで、相手も自分を許してくれ、これによって痛みが取れます。

もっとも、これは簡単なことではありません。なかなか、その「恨み」を取り除くことができないのです。

「その人を恨んでいる限り、痛みは取れませんよ」

と言っても、聞く耳を持ちません。

「一生恨み続けてやる」

とさえいう人もあります。

なかには「死んでも恨み続けてやる」という人もあります。

これではしょうがありません。一生その痛みを抱えていくことになります。

しかし、これだけではありません。相手から恨まれたり、妬まれたりすると、これも自分の痛みとして現れてしまいます。自分がまったく悪くないのに痛みの症状が出ます。

わたしはピンと来るものがありました。

わたしが恨んでいる人はありません。しかし、恨まれている可能性はあります。同業他社です。こちらがお客様を取ったわけではなく、お客様から勝手にこちらへ取引を依頼してきたのです。そんなお客様が何件かあります。

わたしに非があるわけではありませんが、同業他社はわたしを恨むでしょう。

「どうすりゃよかやろうか」

と聞きますと、

「そん人に詫びることです」

と答えます。

わたしはたちまち納得することができました。目からウロコが落ちたようでした。

それから同業他社に心の中で、詫びていると、痛みの再発することはありませんでした。

スポーツの世界も、ビジネスと同様に人間関係が欠かせません。成功したスポーツマンは人間関係を重視しています。芸能の世界でもそうです。

どのように才能に恵まれようとも、人間関係に欠陥があると、決して成功することはできません。

## 49　心の勉強

痛みを取り払って相談者を幸せにすることですから、とても魅力的な仕事に見えました。皆さんが笑顔になって帰っていきます。これで人生が変わった人も多くいるはずです。

感動して、わたしは

「弟子にしてくれん」

とお願いしました。

志岐先生はいいとも悪いとも言わず、

「それでは、心勉強ばせんね」

と答えてくれました。

決して手取り足取り教えてくれることはありませんでした。知り合いを紹介し、その際にいろいろと観察し、やり方をまねるのです。

さらに、仲間と勉強会も開きました。志を同じくする仲間を集めて、練習や疑問点を整理するのです。お茶を飲みながら、情報交換もしました。この勉強会に志岐先生をお呼びすることもありました。

痛みを取るのはわたしの力ではなく、神の力です。神といっても、決して宗教ではありません。

痛みを取るとその人のオーラが変わります。身体に不自然な症状を持っている人は、オーラが黒いのです。それが、その人独自の明るいオーラに戻ります。このような練習をしていると、自分の霊格も上がっていくような気がしました。神の心に近づくのです。志岐先生のそばにいるだけで、癒され、体調も整っていきます。

四十代で志岐先生と出会い、この道に進むことができたのは幸運でした。もし志岐先生と出会わなかったら、一生金儲けのことばかり考え、恵まれた老後を送ることはできなかったでしょう。

# 50　相談を受ける

ほどなく志岐先生から
「苦しんでいる人から相談を受けていいよ」
と、許可がおりました。それなりにパワーが付いてきたと認められたのでしょう。
「許可がおりる」などと言うと、志岐先生がずいぶん偉いように聞こえるかもしれませんが、そういうことではありません。除霊やヒーリングは大変危険な仕事なのです。祓った霊が自分に乗り移ってしまうことがしばしばあります。

わたしの場合もそうでした。
未熟なうちは、相談者の霊を引き取ってしまうのです。このため、除霊して、その霊を成仏させることができればいいのですが、祓うことまではできても天に昇らせることは難しい。

浮遊した霊は取り憑く相手を探し、目の前の能力者にすがります。能力者は、施術中はほぼ無防備のままですから、大変受けやすい。すぐに憑依され、霊による悪い症状が出てきます。

本来なら霊は、天に昇り成仏しようとします。しかし、これができずに現世で苦しんでいるのです。助けを求めています。霊感の強い人は、これら霊に狙われやすい。霊感が強いから自分を助けてくれると霊はすがってくるのです。能力者はその典型です。大変危ないぎりぎりの線で仕事をしているのです。

能力者が滝に打たれるのは、取り憑いてきた霊を浄化するためです。

わたしも最初は相談者の悪い霊を皆引き受けてしまい、大変苦しい思いをしました。これを祓ってくれるのが志岐先生でした。定期的に志岐先生を訪問し、浄化していただきました。

こんなことを繰り返しながら、五年ほどでどうにか独り立ちできるようになりました。

# 51　なぜ無料なのか

志岐先生は無料で相談にのっています。わたしもこの考えに従って、無料で相談に対応しています。なぜ、無料なのでしょうか。

志岐先生が残している書き物によると、基準は聖書にあったようです。志岐先生は幅広く宗教を研究していましたが、とりわけ聖書には教えられるところが多いといっています。実際、スピリチュアルヒーリングの実例が聖書には多く書かれています。さらに、聖書には「正邪の霊能」の見分け方や、霊能力をどのように使えばよいか、まで書かれています。

その中で**「行きて天国は近づけりと述べ教えよ。病人を癒し、らい病人を清くし、死人をよみがえらせ、悪魔を追い払え、（これらのことは聖霊が汝等を通してなさって下さる、そこで汝等は）価なしに受けたれば（霊能は）価なしに与えよ」（マルコ六・七、マタイ一〇・七～八）とあります。**

**この「価なしに与えよ」という言葉に従って、無料で行うことにしているのです。**

わたしも無料で提供していますが、他の能力者にも無料にするべきと推奨しているわけではありません。相談を仕事にしており、それで自分の生活や家族を養わなければならない人は、無料にはできないでしょう。

志岐先生は布団屋でしたし、わたしは卵屋です。生業があるから、報酬なしで提供できるのです。ただ、霊能という特異な技術を持っていることをいいことに、法外な料金を請求することはよくありません。苦しんでいる人がいるのだから、無理のない価格で施術するべきです。法外な料金を請求する能力者の老後は惨めなものになると思います。

## 52　志岐先生とは

遅くなりましたが、志岐先生の人となりを紹介しましょう。

志岐先生は大正十三年六月十日、長崎市に生まれています。昭和十七年、旧制中学を出て拓殖大学に進学しました。

生来の読書好きで、政治、哲学などの分野を好んで読んでいるうちに、社会主義や唯物論に魅せられたといいます。

大学に進んだころは、すでに戦争が激化していました。しかし、どういうわけか軍隊からの召集令状が届かず、受験した幹部候補生も弱視を理由に不合格となっています。

このあたりから、奇妙な偶然が続きます。

東京大空襲の前夜、志岐先生は急用で名古屋へ行き、命拾いをしました。続く名古屋の大空襲の時も、何かに引き寄せられるように長崎に向かって、ここでも命拾いをしています。

長崎原爆投下の前日には、急用で福岡に行き、ここでも被爆をまぬがれました。

「三回命拾いをしています。当時は、運がよかったと思っただけですが、その後、何かの糸に繰られていたと考えるようになりました」

運命というものでしょうか。

敗戦後、志岐先生はさまざまな仕事をし、昭和二十四年から、友人の支援と、若い妻に励まされ、「二見屋寝具店」を開業しました。

この商売は順調に発展しました。

仕事の合間をぬって、志岐先生は読書を続けます。

理詰めで物事を考える性格で、「心霊」に関しても否定的側面から入り、関連する書籍を読みあさっています。

「『霊魂』などあるわけがない。それを証明してやろうとかなりの本を読みました」

と語っています。

ところが、昭和五十年十二月、手が勝手に
「みんなにしらせよ。がんばれ」

と綴りました。

どういうことか理解できません。

「何だこれは！……もしかすれば、霊が降りたのではないか？」

心霊を否定していた志岐先生に霊が降り、自動書記を始めたのです。

手が勝手に動き、みみずのような文字を綴っていきます。

志岐先生は己れの身体に起こった現象に慄然としました。

奇妙な酩酊感覚をともなって、手は自然に動いていきます。

「狂ったか」

とさえ思いました。心霊現象を否定する志岐先生からすれば、自動書記は精神の異常に見えました。

そこで志岐先生は、慎重に自己を点検。どうも狂っている様子ではありません。

「やはり、霊のなせる業か……？」

自動書記はほとんど毎晩のようにおきました。六時間ぐらい、ぶっ通しで書き続けるのです。自動書記から解放されて、眠りにつくのは明け方になってからでした。このままでは狂ってしまうのではないかと恐れました。

その自動書記の内容も、天からの言葉であればまだしも、ずいぶんとくだらないものばかりでした。

「おまえ、家を出る時は右足から出ろ！」

や
「昨日会った女は、おまえの悪口を言っている」

などです。

「実に低級霊だったと思います。そんな自動書記現象が約六カ月も続きました」

と、志岐先生は語っています。

こんな降霊現象を判断する基準として、志岐先生は「聖書」に突き当たります。

「聖書」には霊の高低を見分ける根拠があるはずだと考えたのです。

実際、聖書には「正邪の霊能」の見分け方や、霊能力をどのように使えばよいか、まで書かれています。

「霊能が開かれるといろんな方法（霊言、霊聴、霊視、自動書記など）でメッセージが入ります。心が安らかでなく、知性、徳性、教養が欠けていると、物欲、名誉欲、権力欲に溺れたり、高慢になりやすいので、要注意ですよ。低級霊に盲従すると一〇〇パーセントそうなります」

と振り返っています。これからすると、相談者に法外な料金をふっかける能力者は、低級霊に盲従しているといえます。

志岐先生は霊能力に目覚め、そこを狙って低級霊が入り込み、自動書記をさせたようです。志岐先生は聖書を読み、自力で低級霊を祓いのけました。そして、同時に、スピリチュアルヒーリングの能力を授けられました。

志岐先生が最初に行った相談は、自社の店員でした。二十数人いる従業員の神経痛、リューマチを治癒させたのです。志岐先生が「念」を入れると、痛みがすぐに取れます。これには先生自身も驚きました。

「信じられませんでしたね。わたしが調べると、やはり癒えています。そんな噂が伝わり、口コミでわたしのもとに相談にやって来る人が増えたのです」

と語っています。これ以来、志岐先生は、電話や対面での相談に応じてきました。

## 53 理趣経

志岐先生の幅広い教養の中には理趣経もあります。空海が唐から持って帰られたお経の一つです。

空海はこのお経だけは門外不出として、当時の名僧、最澄の重ねての借用懇願を断り、二人がたもとを別つ原因になったといいます。これがありがたいことに、現代の我々はみることができるのです。

その内容が興味深いと志岐先生は教えてくれます。

「男女交合の妙なる悦惚境も、清浄なる菩薩の境地である（妙適清浄句是菩薩位）。男女交合して快感を味わうことも、清浄なる菩薩の境地である（適悦清浄句是菩薩位）等々」

と、実に意味深い。これが「真言立川流」の基本的な考え方になったようです。「淫欲是道」を唱え，淫乱な行いを即身成仏の最高の境地と考える宗教の一派です。

後世このお経が明るみに出た時に、密教が世の誤解を受けたことは理解できると思われます。言葉の前後を端折って解釈されると、その真意がとんでもない方向へ一人歩きするのです。

男女交合の基本は男女の合意であり、第三者からの恨み、つらみ、嫉妬のともなわないことが前提です。さらに交合なしで菩薩の境地を体験するノウハウを「理趣経」は述べています。

「齢六十路を越え、春秋会に籍を措くころともなると、竜馬真猿も、一物知意ならず、『理趣経』も空しくひびく。さもあらばあれ、凡夫は精々交合して菩薩の境地を求めん」

と志岐先生は書き残しています。

## 54 死後の世界

志岐先生は「死後の世界はある」と確信していました。

死亡診断を受けて、数時間後に蘇生した人の臨死体験談を聞いたり、書物で知り得たことでは、洋の東西を問わず共通点があるそうです。

自分の身体より数メートル離れた空間から、もう一人の自分が身体を眺めていて（幽体離脱現象）周囲にいる人たちの言語動作が鮮明にわかります。しばらくして真っ暗なトンネルに吸い込まれ、トンネルから出るときれいなお花畑のような場所に出ます。眼前に川が見え（三途の川か）渡りたいと思う。川向こうに人がいて「来るな」と合図をしている。気が付いたらベッドの上だった……。おおむねこのようなものです。

この死後の世界のガイドブックにスウェーデンボルグ（一六八八〜一七七二）著「わたしは霊界を見てきた」があります。

　彼はスウェーデン生まれ、ダヴィンチに匹敵する科学者で、九カ国語を話す博識であり、カント、ゲーテの思想に強い影響を与え、英国で亡くなっています。スウェーデン国王が戦艦でその遺骸を母国にむかえたほどの人物ですが、彼の晩年の三〇年は霊の研究に打ち込み数々の奇蹟をみせたのです。

　彼の広汎にわたる著書の原本はロンドン大英博物館に保存され、その洞察力の正しさは現在証明されています。この一冊を読むと、いろんな俗論に惑わされないで、おおむね死後の世界が理解できるといわれています。


　死とは肉体が滅び、想念（霊魂）のみの世界のようです。常日ごろ、心穏やかな人は平穏な死後の世界に赴き、この世への未練が強く残ると迷いの世界にいくそうです。

　この世では才能、地位、財産、名誉が評価されますが、あの世ではまったく評価されません。この世の業績であの世でも高く評価されるのは奉仕、友愛、寛容の実績あるのみです。

「よく煩悩、欲望を捨てよといわれますが、これはあの世にいったらのことであり、この世は別です。せいぜい、この世の栄耀栄華を事受し、あの世に往ったら煩悩、欲望をすっぱり断ち切ることをおすすめします」

と志岐先生は語っています。

## 55 相談の事例

最後に志岐先生の相談の事例を紹介しましょう。

●乳幼児の夜泣き
乳幼児のスピリチュアルヒーリングは、主に母親と面談、または電話で行っていました。

「赤ちゃんの夜泣きが一カ月以上も続いて、母親もノイローゼ気味になって困っています」と電話がありました。姑からの依頼で、翌日二人で来られました。母親はやっと二十歳になったばかりで、ハキハキしていて、育児について手落ちはないような口振りでした。

話を聞きながら彼女の先祖善霊に尋ねます。彼女の話を聞き終わり、姑に席を外してもらいました。守秘義務があると思うからです。

「あなたの話はよくわかりました。しかし、あなたの本心は甘い新婚生活を夢見ていたのに思いがけず早く赤ちゃんが産まれ、この子がいなければ……と思いながら育てているのでしょう。あなたの気持ちはわからなくもない。しかし、産まれた赤ちゃんはあなた方二人の愛の結晶でしょう。産まれた以上、心からかわいいかわいいと思って育ててください。そうすれば夜泣きはよくなりますよ」

このようなことを話しました。黙って聞いていた彼女は、図星だったのでしょう、反論もせず泣き出しました。泣きやむのを待って、赤ちゃんに
「ごめんなさい、ごめんなさい」

と、しっかりお詫びをしてもらいました。

翌日、姑から電話があり、夜泣きがとまり、嫁の態度がとてもよくなった、との報告がありました。母親の改心がよかったのです。

●発熱

生後五カ月程の乳児が時々三十八度以上の高熱になり、肺炎かと医者に診てもらったがよくならないとのことで相談がありました。やはり若い母親でした。彼女の先祖善霊に尋ね、

「ご主人を赤ちゃんの世話で忙しくて粗末にしていますね、もっとご主人を大事にされると、熱は下りますよ」

と伝えました。

五日程して「前よりはいいのですが、あと少し」と電話がありました。

「あなたは母親であると同時に妻なんですよ、ご主人とのセックスは？」

女性は口ごもりながら

「実は出産後していません」

「あなたは妻というよりメイドさんみたいですね、今夜から妻になってください」

後日、「赤ちゃんが元気になった」と、報告がありました。ご主人の欲求不満が赤ちゃんに投影されていたのです。

●ひきつけ

二歳になる幼児（女）が微熱と、時々ひきつけをおこして困っているという相談がありました。愛情不足を感じました。お尋ねしたら、夫婦共稼ぎで夕方、託児所から連れて帰る毎日とのことでした。母親に連れて帰られたら抱きしめて、

「さびしい思いをさせてごめんなさいね」

と三十回程心の中で唱えるように伝えました。その夜から微熱がとれたとのことです。

●小児喘息

小学二年生（男）、小児喘息で困っているとの相談でした。尋ねたら、父親がとても厳しいとのこと。

「もっと子どもに優しく接するように」

といろいろと例を引いて伝えました。父親が素直に聞き入れたのか、よくなったそうです。

●腰痛

五十歳をすぎた男性で、三十年来左腰痛がひどく、ありとあらゆる治療をしても治らないと相談に来ました。雑談の中で
「あなたはなかなかの男前ですね、若いころは女性にもてたでしょう」

「おっしゃるとおり、わたしは若いころには女性にもてていました」

「その中であなたは中絶をさせた女性がいますね」

「はいおりました」

「その人との別れ際はどうでしたか」

「それはそれは大変な苦労をしました」

「立場を変えてあなたがその女性であったらどうしますか」

「そうですね……」

「女の気持ちがわかるでしょうか？」

この男女のトラブルが左腰痛の原因と志岐先生は見ました。

日常生活の中で、憎まない、憎まれない、心配しない、心配をかけない、呪わな

い、呪われないなどを心がけることが諸々のトラブルを遠ざけるもとになります。志岐先生は、しっかり女性に対して毎日お詫びを続けるように伝えました。

◇志岐先生からのメッセージ

・長生きしたいなら、我欲を捨てなさい。

・心がきれいでまっすぐであれば病気はしない。

# 付録

## 56　付録1　見えない存在への質問

懇意にしていただいている能力者がおり、今回の出版に当たって、わたしに寄せられたビジネスへの相談事項を質問してみました。

能力者とは、見えない存在からのメッセージを受けることができる人です。今回はビジネスに関する質問に対して、ご回答いただきました。

■事業がうまくいかない、営業が決まらない

森安「一つ目の質問です。事業がうまくいかなくなってまったく儲けが取れない状況に追い込まれています。こんな状況に絶望してやる気も出ません。どうすればいいでしょうか」

能力者「それは自分で自分を追い込んでいる」

森安「そうですね」

能力者「人との調和を大切にすること」

森安「似たような質問です。なかなか営業が決まりません。どうしたらいいでしょうかという質問もあります」

能力者「事業者の苦しいところです。けれども、それは営業に回って回るしかないですね。仕事を一生懸命することです。あるいは、その営業担当の先祖の徳が不足しています」

森安「それはそうですけれど」

能力者「営業担当を変えるかしたほうがいいかもしれません。本人が気持ちの持ちようを変えれば相手をしてくださる方の気持ちも共鳴して営業ができると思われます」

森安「アイデアはどうでしょうか。新しいアイデアが出ません。どうすればいいのでしょうか」

能力者「ひらめきですね。それは考えて考えて、もうだめだというところで出るはずです」

森安「おっしゃるとおりだと思います。ありがとうございます」

■儲からなくなり不平不満がたまる

森安「引き続き、うまくいかない相談です。儲からなくなって政治や世の中を恨んでしまい、不平不満ばかり繰り返しています。一体どうすればいいのでしょうか？　これは悪い方にばかり考えてしまうということですね」

能力者「儲からないのは自分の身の丈を知るということですね。余分な儲けはしなくていい。自分の丈を知って衣食住が足りればいいじゃないですか」

森安「努力しても努力しても苦労ばかりしている方からの質問です。努力が報われません。こうした時どうしたらいいでしょうか」

能力者「ご先祖様のことがあります。反省をしなくてはなりません。ご先祖様によく反省をしてお祈りをすれば、そのうちにだんだんと気持ちが晴れ、報われるようになるでしょう」

森安「以前のように売れなくなってきています。困難に負けそうになって元気を失ってきていますが、どうしたらいいでしょうか。生きる元気を取り戻すには、どうすればいいでしょうか」

能力者「今の世の中はなかなか仕事が難しい時代になりましたね。売上が下がっていくことはもう目に見えていると思います。その時は、お父さんお母さん助けてっていうんです。そしたらちゃんと見ていてくれますから、あなたに希望を与えると思いますよ」

森安「そうですね。ご先祖様が見放すわけがありません。ご先祖様に詫びることと感謝は何よりも大事です。

引き続き儲からないという相談です。少ない利益で事業を継続しており、いつも月末への支払いに追われています。お金のためだけに人生を送っている感じがします。これでいいのでしょうか」

能力者「こう思っている人は多いでしょう。仕方がないといえば仕方がないかもしれませんが、そこは何とか努力をしてみること。努力というのも難しいでしょうけれどできる限りの努力をして最後までがんばることです」
森安「努力を続ければ、光が見えてくると思います」

■商運とスピリチュアルは関連があるでしょうか

森安「お墓参りや先祖を敬う心が持てません。商売の関連性があるとはとても思えないのですが」
能力者「この方はまだ信仰というものを知らないからですね」
森安「そうですね」
能力者「目に見えないところでちゃんと力を与えてくださるんです。商売と信仰、ご先祖様とは影響があります」
森安「しかし、このような質問も来ています。従業員や取引先から、変な考えに走った会社として思われないでしょうか」

能力者「信仰を誰彼に言う必要はないのです。自分一人で静かに祈ることが大事なんですよ。いいふらす必要はありません」
森安「しかし、社員はどうでしょうか。今どきの従業員は心の話などすれば古臭いと嫌がるかもしれません」
能力者「今の人は、他人から心の持ちようまで干渉されるのを嫌がる傾向がありますね。いいことでもしらっとしているというところがあります。根気よく接していけば心を開いてくれるでしょう」
森安「たとえ本業にプラスになるかもしれないとしても、スピリチュアルなものには正直他人様に知られたくない、恥ずかしいものに感じている方もいるかもしれません」
能力者「恥ずかしいものではありません。どなたもみんな胸に悩みを抱えているのです。それを少しでも解決するためにスピリチュアル的なものに貴ばれていますから恥ずかしがることなく相談した方がいいでしょう」

## ■トップとしての悩み

森安「経営上の判断がなかなか決められずに困っています。こうした時はどうすればいいでしょうか」

能力者「あなたの決断力が弱いということですね。しっかりといろんな情報を集めて決断をするようにします」

森安「経営者はサイコロ振ってでも決断しなければならないことがあります」

能力者「それが経営者の仕事です」

森安「商売とトップである自分の心が本当に関係するものなのでしょうか」

能力者「関係するでしょうね。あなたの心が高ければ順調に仕事も伸びていくでしょう」

森安「それには人を大切にすることですね」

■大手には勝てない……

森安「大手がやってきて、とてもかないそうにありません。一体どうすればいいでしょうか」

能力者「大手は大手のやり方、個人は個人のやり方があります」

森安「どのように考えるといいのでしょうか」

能力者「個人のやり方というのはもうほとんど人との関わりですね。人を大切にしていけばそういう道は開かれます」

森安「大手に限らず、だんだんと競争が激しくなってきて、売上は減り、利益は少なくなっています。どうしたらいいでしょうか」

能力者「やっぱりご先祖様に感謝し、生きていることを感謝する。そしたらちゃんと開けてきますよ」

## ■取引先や同業者の悩み

森安「取引先からいじめのような取引上の条件を提示されてほとほと弱っています。どうすればいいでしょうか。これは今の時代、ありそうな悩みです」

能力者「できることであったらば、相手とよく相談をする。相談をしていいところで線を引いてお互いに話し合うというところでしかないですね」

森安「同業から嫉妬や嫌がらせを受けていて夜もよく眠れません。どうしたらいいでしょうか」

能力者「恨みとか妬みなどが来ているわけですね。それはある程度仕方がないことでもあります」

森安「これは避けられませんね。わたしもそう思います」

能力者「しかしながら、相手にそう思わせたことをごめんなさいと詫びることが重要です」

森安「競合する同業他社が気になって仕方ありません。他社の成功が気になることへの僕の性格をどうすればいいでしょうか」
能力者「他社のことはもう気にしなくていい。自分の会社のことだけを考えて前進することです」

■起業について

森安「起業について。これから起業を考えているが、お金がまったくないがどうすればいいでしょうか」
能力者「ゼロからの出発というのはなかなか難しいです。いろんな公的な起業の政策もありますけれども。ただで借りられるから起業をしようとか、そういう考えはやめたほうがいいでしょう」
森安「また、個人でやっている規模ですが、会社を大きくするにはどうすればいいか」

能力者「大きくすることばかりが良いことだとは思いません。よく考えて銀行あたりの相談に乗ってください」

■お金の亡者がいる……

森安「金持ちと幸せに関する質問です。お金持ちでも一円でもお金を出したくない人が周りにいますが、どう考えたらいいでしょうか」
能力者「それは個人の問題です。お金の亡者なんですね」
森安「やっぱり金は回さなければ入ってこない」
能力者「そうです。回すべきです。亡者は亡者なりの生きる道しかありませんね。最後は良くないでしょう」
森安「お金が何よりも一番という人は、結局子孫が続かなかったり、手放す状況に追い込まれてしまいますが、それはなぜでしょうか」
能力者「あまり欲を持つとそういうことになるんですね。自分の幸せはこれくらいと身の丈を知るということが大事です。余分なお金はまた出て行くことになるんですよ」

■家族についての質問

森安「今度は家族に関する質問です。この方は、夫婦仲が悪いと相談を寄せています」

能力者「夫婦の問題は夫婦でしかわかりませんけれど、話し合うことが必要でしょう。そして、相手のいいことを認め合う。そういうことをするとだんだん良くなります」

森安「では、親子関係が悪い場合は？」

能力者「親子関係もなかなか今は難しい時ですよね。子どもは話したがらない。親の方は話したいのに、それぞれの家庭でどうしていくべきか。みんなで話し合って少しずつ心を通わせていくしかありません」

森安「命をいただいている親を大切にするのが一番です」

能力者「自分を産んでくれた親を大切にすること。親がいなかったら自分はいなかったんだから。そういうことを自覚するとよろしい」

森安「子どもが自分の神仏についての考え方を馬鹿にするのですが、どうすればいいでしょうか」
能力者「それはやはり子どもは反抗したりしますよね。あまり子どもの前で言わないこと。自分で静かにしていたら子どももきっとわかってくれると思います。押し付けないことです」

■現代の風潮について

森安「今の考え方はできるだけ少ない費用や能力で大きな利益を得ようとしています。生産性重視ですが、それはいかがでしょうか」
能力者「今はボタン一つでお金が動かせる時代になりましたよね。それはどうしようもない進化といった方がいいのかもしれませんが、心が通わない数値だけの動きには危惧を覚えます」
森安「良い投資話が転がり込んで乗ってしまい、失敗が多いことについては」

能力者「うまい話には罠があるんですよ。オレオレ詐欺とかいろいろありますけれども。うまい話ほど用心しなければなりません。絶対に乗らないように」
森安「ギャンブル癖が治らないという相談もあります」
能力者「ギャンブル癖は自分と家族も一緒になって治さないといけませんね」
森安「ストレスがたまっていると思います」
能力者「ギャンブル好きの人はやめたと思っても、一回ハマるとこれで儲けてやろうと負けたら次で儲けてやろうとそういうことの繰り返しです。ちゃんとやり直す必要があります」
森安「女癖が治らないが、これは、先祖からのですね」
能力者「ご先祖様があなたをそうしているのかもしれないし、あなたも一生懸命に治そうという気持ちも大事です」

## ■目に見えない力

森安「商売と見えないものとの関係。目に見えないものを信じることで、どんなふうに商売にプラスになるのか。よく本に書いてある偶然の引き寄せなどというものは本当に存在するのでしょうか」

能力者「あります。偶然と呼ばれるものは必然です。それはわたしの身内にもいっぱいいます」

森安「霊能力がつけば楽に成功できるのでしょうか」

能力者「そういうことの信仰ではありません。心を豊かに持って祈ればちゃんと生きられる。そういうことです」

森安「稲荷にたくさん寄付をしたら運が良くなり、事業がうまくいくのでしょうか。日本の企業は稲荷さんを祀っているところが多い」

能力者「それはちょっと良くない。お参りするからうまく行くとはわたしは思いません」
森安「お祈りしたりお墓参りすれば特にアイデアがもらえて運が良くなって事業が良く回転するのでしょうか」
能力者「そんな簡単なことではない。儲け話や良くなるためにお参りするのではないんですよ。気持ちからお参りをしてから自然にそのようになるんです。いい方向に向いていくんです。儲けるのを目当てにただお参りをしたからといって得られるわけではありません」

森安「苦しい時の神頼みは本当に有効で効果があるのでしょうか」
能力者「ある時もありますよ。知っている方でもどうしようもない、呼吸もできない、お母さん助けてという場合に本当にご先祖様が助けてくれます。そういうのはある時もあります」
森安「商売にも目に見えない世界が作用していますか」
能力者「ちゃんとつながっています」

■運をよくするためには

森安「具体的なアクションをお尋ねします。ズバリ運を良くするためには、何をしたらいいのでしょうか」

能力者「それは静かに祈るしかありません。何のあてもなくただ祈ります」

森安「やるといい習慣はどんなことがありますか」

能力者「一人静かに黙想をすることや感謝をすることです。心の中で祈っていいです。わざわざ神に祈らなくても心の中でそういう気持ちを持つことです」

森安「朝晩、例えば唱える言葉とかあれば教えてください」

能力者「朝はわたしは『今日も目覚めさせていただき、ありがとうございました』と言っています。感謝を述べます。そして『今日も一日お守りください』と言って、夜は一日に感謝をして『ありがとうございました』とお礼を言います」

森安「日の出には大変パワーがあるとわたしは思います。五〇〇メートルぐらいの小高い丘に登って朝日を拝むと大きなパワーをもらうことができますし、開運にもなります」

森安「気をつけたほうがいいことなどは？」

能力者「人に恨まれないようにすることですね。それしか答えがないですね。恨みをいだかれないように」

森安「ボランティアはいいと思いますが」

能力者「ボランティアはとてもいいことですね。なるべく時間を見つけて、少しでも世の中の役に立つ。そういうことが良い方向へとつながっていく。少しでも時間を見つけてやっていってください」

■徳を積むには

森安「具体的に徳を積むとしたらどんなことをすればいいのでしょうか」

能力者「それは感謝しかないですね。親やご先祖様に感謝する。そうすることが徳を積んで子孫にも受け継がれていくのです」

森安「お墓参りや神頼みをやってみたけれどうまく効果が出なかったけれど、何が悪かったのでしょうか」

能力者「この方はその効果を得るためにお参りをしたんですね。そもそもそこがいけません。お参りは常々するのです。そうしたら自然と見えてきます」

森安「祈る対象は何でしょうか。天照大御神かキリストでもいいのですか」

能力者「それはそれぞれの神というか。おうちに伝わるご先祖様もいらっしゃるし、神様もいらっしゃる。太陽でもいいんです。自然そのものでもいいんです。宇宙そのものでもいいでしょう」

森安「どういう祈りをすればいいのでしょうか。祈りのやり方や言葉を教えてください」

能力者「それは今、今日ここに生かされている自分に感謝をすることですね。『ありがとうございます、これからもどうぞお守りくださいませ』と言う。一回だけではなく、それを習慣にして祈るようにしていただきたいと思います」

森安「最後ですが、神様を本当に信じていいのでしょうか」

能力者「神様はいらっしゃいます。信じていいです。ちゃんとそういう気持ちになれば本当に奇跡的なことが起こるはずです」
森安「素晴らしい。今日は本当に素晴らしいお答えありがとうございました」

## 57　付録2　運を上げるために朝と夜にやること

### □運をあげる一日の始め方

朝は早く起きて、朝日をみることをおすすめします。日の出には大変パワーがあるので、朝日を拝むと大きなパワーをもらうことができますし、開運にもなります。そして、一日の始まりに感謝をします。わたしは次に神棚にむかってお祈りします。神棚拝詞という祝詞をあげるのが習慣になっています。やはり、一日の始まりは「感謝」で始まるのがいいと思います。よく、仏壇も神棚もない、ましてや一日のはじまりにお祈りなどしたことがないという方にお目にかかりますが、こうした方で運のいい人に会ったためしがありません。単なる迷信だなんていっていないで、もしも運を本気で上げたいなら、まずは一日をお祈りから始めることから始めてみることをおすすめします。ちゃんと手を合わせて神様や仏様にむかって「今日も一日よろしくお願いします」と心の中で唱えることであなたの運は確実に上がっていくでしょう。

**□運をあげる一日の終わり方**

夜、寝る時も運を上げるために大事な過ごし方があります。それは、その日一日の自分の言動を振り返って「他人を傷つけるような発言、攻撃するような発言、憎む、恨むなどの感情を向けなかっただろうか？」と自分を点検するのです。もしも、そうした感情を発していたり、誰かにそうした言動をしてしまっていたら「申し訳ありません」「お許しください」と詫びて、深く反省して訂正して消すことです。自分の発言や悪感情をそのままにしておくことは、自分自身の運を確実に下げますから、一日の終わりに省みてお詫びしておきましょう。

◇一日の始まりは神さまや仏さまに向かって「今日も一日よろしくお願いします」とお祈りしてから始めます。朝日をあびることもパワーをもらって運気上昇につながります。一日の終わりには「今日の自分の言動にあった相手を憎んだり攻撃したりしたものについてお許しください」と反省して終わりにすることで運が上がります。

# おわりに

わたしは四十歳の時に、それまで知らなかったことを志岐先生から教えてもらいました。

それは、心のあり方が身体の状態や運と密接に関係するのだという「心の勉強」でした。

悪想念を抱けば、相手の身体や運を破壊するだけでなく、自分自身の身体と運も壊れてしまいます。

悪想念を抱かずに、心の中で相手にお詫びをしていくことで、あなたの身体も運も好転に向かうことができるのです。

わたし自身、病気をしたこともなく、こうして幸せに生きていられるのも、「心の勉強」のお陰と、ご先祖様と神さまのお陰であると深く感謝しております。

心というものは、目には見えませんが、わたしたちの身体や運命に大きく影響しているのです。

ほんとうに、目に見えないことがいちばん大切なのだと実感しております。それは、三十七年間の無料相談で、たちどころに相談者の身体や運が好転していくことでも実証されています。

この「目には見えない心、徳積み、祈りの大切さ」をわかっているのが、日本なのではないでしょうか。

過去、すべてを合理的に行うアメリカ型経営がもてはやされた時期がありましたが、それですと一時的繁栄になってしまうのではないでしょうか。それよりも、長く続いていくのは、長崎県でいうと本書でもご紹介したカステラの和泉屋、スーパーマーケットのエレナ、ジャパネットたかたなどではないでしょうか。

こうした企業は経営者が目に見えない心と心の結びつきの大切さ、思いやり、徳積み、祈りの大切さをわかっているからです。企業でも商店でも人でも、長くやっていく中ではいい時も悪い時もあります。しかし、徳を積んでいるところは悪い時でも目に見えない力に守られて続いていくのだと思います。人間関係も信用が大切です。いくら儲かっていたとしても、心が離れてしまえば、つながりは切れてしまいます。やはり、最後は心と心で通じ合うことではないでしょうか。商売上の取引も心と心で通じ合う企業、商店が何百年も続いているのだと思います。
わたし自身も、人生で出会う人とこれからも真心でつき合い、許し合う人生でありたいと思っています。

この本では、わたしの五十年以上の経営体験を通して得たわたしなりの気づきと三十七年間の「心の研究」の成果を合わせて書きました。あらためて今は亡き志岐誠哉先生に御礼申しあげたいと思います。先生なくしていまのわたしの気づきと研究はありませんでした。また、この研究の過程で十七年ほど前に知り合いました、日本サイ科学会の小林信正副理事長にはいつも貴重な助言をいただき感謝しております。あらためて深く感謝いたします。そして、三楽舎プロダクション編集部の小林氏、上江氏両氏にも感謝を申しあげます。ありがとうございました。

人生は山あり谷ありと申します。いま、谷にある方はその深さ、厳しさにおののいておられることでしょう。

しかし、わたしたちは誰もがこの世に修行に来ているのだと思います。辛い時、苦しい時こそ何かを学べるチャンスでもあるのです。もしかしたら、その谷こそが、あなたが本書を手に取り「心の勉強」に出会うきっかけになったのかもしれません。
本書と出会った方が、目に見えないものの大切さに気づいて、そこに目を向けてもらい、実践されることにより、ご自分の人生を幸せに生きていかれることを、心より祈念いたしております。

無料相談
平日午後6時～7時
電話
095-883-6048
FAX
095-883-6159
住所
〒851-2122
長崎県西彼杵郡長与町
本川内郷 16-6
森安商店　森安 政仁

**森安政仁**（もりやすまさひと）

1941年、長崎県生まれ。
森安商店代表取締役
全国たまご商業協同組合副理事
日本サイ科学会九州会会長
鶏卵卸業を50年以上営むとともに、40歳の時より心の勉強をかさね、「運のメカニズム」を解明し、自らの会社経営と生き方に実践する。
会社の業務終了後に行っている、全国からの電話での悩み相談に無料で応じる奉仕活動は、37年間続いている。
著書に『人生相談の専門家が教える逆運を福運に変える秘訣』（共著、現代書林）、『光り輝く人生―心の研究』（鷹書房弓プレス）がある。

# たまご社長が教える
# 運をつくる仕事術

2018年5月10日　第1刷発行

**著　者**　森安政仁

**発行所**　㈱三楽舎プロダクション
〒170-0005　東京都豊島区南大塚3-53-2
大塚タウンビル3F
電話：03-5957-7783
FAX：03-5957-7784

**発売所**　星雲社
〒112-0005　東京都文京区水道1-3-30
電話：03-3868-3270
FAX：03-3868-6588

**印刷所**　モリモト印刷
**装　幀**　Malpu Design（柴崎精治）


ISBN978-4-434-24639-5

## 三楽舎プロダクションの目指すもの

三楽舎という名称は孟子の尽心篇にある「君子に三楽あり」という言葉に由来しています。

孟子の三楽の一つ目は父母がそろって健在で兄弟に事故がないこと、二つ目は自らを省みて天地に恥じることがないこと、そして三つ目は天下の英才を集めて若い人を教育することと謳われています。

この考えが三楽舎プロダクションの根本の設立理念となっています。

生涯学習が叫ばれ、社会は少子化、高齢化さらに既存の知識が陳腐化していき、われわれはますます生きていくために、また自らの生涯を愉しむためにさまざまな知識を必要としています。

この知識こそ、真っ暗な中でひとり歩まなければならない人々の前を照らし、導き、激励をともなった勇気を与えるものであり、殺風景にならないように日々の時間を彩るお相手であると思います。

そして、それらはいずれも人間の経験という原資から繭のごとく紡ぎ出されるものであり、そうした人から人への経験の伝授こそ社会を発展させてきた、そしてこれからも社会を導いていくものなのです。

三楽舎プロダクションはこうしたなかにあり、人から人への知識・経験の媒介に関わり、社会の発展と人々の人生時間の充実に寄与するべく活動してまいりたいと思います。

どうぞよろしくご支援賜りますようお願い申しあげます。

三楽舎プロダクション一同